正面管教图解版

0～12岁孩子常见的35种情绪失控解决办法

[法]安妮-克莱尔·克兰丁斯特 著
[法]琳达·科拉扎 绘
唐天红 译

中信出版集团|北京

图书在版编目（CIP）数据

正面管教：图解版. 0-12岁孩子常见的35种情绪失控解决办法 /（法）安妮-克莱尔·克兰丁斯特著；（法）琳达·科拉扎绘；唐天红译. -- 北京：中信出版社，2021.3（2023.12重印）

ISBN 978-7-5217-2871-2

I. ①正… II. ①安… ②琳… ③唐… III. ①儿童教育－家庭教育 IV. ①G78

中国版本图书馆CIP数据核字（2021）第035803号

正面管教：图解版　0～12岁孩子常见的35种情绪失控解决办法

著　　者：［法］安妮-克莱尔·克兰丁斯特
绘　　者：［法］琳达·科拉扎
译　　者：唐天红
出版发行：中信出版集团股份有限公司
　　　　（北京市朝阳区东三环北路27号嘉铭中心　邮编　100020）
承 印 者：北京联兴盛业印刷股份有限公司

开　　本：787mm × 1092mm　1/16　　印　　张：12.5　　字　　数：186千字
版　　次：2021年3月第1版　　印　　次：2023年12月第7次印刷
京权图字：01-2021-0412
书　　号：ISBN 978-7-5217-2871-2
定　　价：59.80元

前言

本书的诞生起源于两位女士的相遇：第一位女士是四个孩子的母亲，也是一位心理学家；第二位女士是一位插画家，现在是两个孩子的母亲。二人的生活大相径庭，然而她们却因为某些原因不期而遇，那就是对人的热情，以及陪伴每一个孩子、满足他们需求的愿望。

本书借鉴的主要理论体系是创立于1970—1980年的“正面管教”，创始人为美国的两位女性：简·尼尔森和琳·洛特。这一理论建立在阿尔弗雷德·阿德勒与鲁道夫·德雷屈尔（两位移民美国的奥地利心理学家）的研究之上，在美国发展了近三十年后，2011年，贝亚特丽斯·萨巴泰将它引入了法国，展开了初期培训，并建立了“正面管教协会”。自此这一理论在法国和世界各地不断发展，为父母与教师提供了许多解决问题的办法。

安妮-克莱尔是临床心理学家，具有“正面管教”资格证。除在诊室接受咨询以外，她还为家长和学校组织关于正面管教的工作坊。安妮-克莱尔也学习过催眠学与游戏治疗法，她以整体、全面的视角看待人，在本书中，她分享了关于建立良好亲子关系的研究经验。

琳达是一名热爱心理学的插画家，在安妮-克莱尔主持的工作坊中学习。她的很多悬而未决的问题，在学习工坊中得到了解决，她学会了针对自己两个孩子的特点（伴有注意缺陷多动障碍的高智商孩子），陪伴他们成长。她愿意与其他问题孩子的父母分享她的经历，希望在“法国注意缺陷多动障碍超级论坛”上与他们进行交流。她想为家长提供具体的解决办法，帮助他们规划日常生活，在面对孩子发脾气的时候能尽可能更好地做出反应。

琳达一直梦想着当孩子有出现问题的苗头时，有一本书在手，让她可以从中找到解决办法，她也希望有这样一本书能够在日常生活中帮助那些处于崩溃边缘的家长们，因此她与安妮-克莱尔的合作就成了必然。

在本书中，两位作者与大家分享了她们摸索与发现的成果、失败与冲动的经历，以帮助我们克服困难，并从中吸取经验，改善家庭关系。本书视觉效果强、色彩丰富，特别适合偏爱图文并茂的读者。

文章结构：在前五章中，本书针对生活中存在的一些非常具体的问题，提出了分析与应对的关键方法。读者既可以从第一页开始按顺序阅读，也可以针对自己的问题选择某个章节阅读，而不通读全篇。第六章则稍有不同，我们希望读者可以走得更远，从长远的角度去考察自己作为家长的角色，这一章回顾了前五章中提到的，要做一个能够鼓舞人、有恒心的家长所需的基本条件。

本书并不能给出神奇的答案，所提供的解决办法也不是万能的，我们的目的是激发每位读者的创造力。本书并不想提供“现成的答案”，因为家长的角色常常处于变化发展之中，所以要根据不同的孩子、不同的情况，采用不同的办法。一些读了几行内容的家长可能会说，我们提供的建议实施起来都需要时间，而他们的时间非常有限，或者会说，要处于放松状态才能做到这些，等等。

家长要从接受自己开始做起，要接受带有弱点的真实的自己……这样才能从实际情况出发，找到更加适合自己的道路。我们都明白，远足一开始，马上就走几千公里是不可能的，道理似乎显而易见，但是实际行动时，却因为我们总是想要马上就达成自己的目标，有时很难做到循序渐进。

本书选择了现实生活中非常具体的场景，每位读者都可选取适合自己的建议走出困境。同时书中从长远角度考虑，为持续改善家庭关系提供了方法。

希望大家有一个愉快的阅读体验，从复杂而又美妙的家庭教育之旅中得到快乐！

献给

我们的孩子，利维奥、马泰奥、阿黛尔、劳莱那、泰奥菲尔、奥克塔夫，
是孩子们让我们每天都在成长，没有他们，就没有您眼前的这本书。

献给

我们的爱人，感谢他们的耐心陪伴，
以及在我们不断探索的过程中给予的支持。

献给

朱莉、克罗爱、卡洛琳娜、塞高莱纳，
感谢她们对这个计划的信任，以及对我们的帮助。

献给

“注意缺陷多动障碍超级论坛”与“秘密团体”的超级妈妈们，
她们的分享丰富了我们的作品。

献给

艾米丽、贝亚特丽斯、卡特琳娜，
感谢她们阅读本书，让我们获得了勇气。

献给

阿丽娜，感谢她对本项目的特别投资。

献给

我们的父母，也献给所有在努力抚育孩子的父母，
献给那些创造了世界与明天的人。

序言

本书是多人协作的成果，试图激发父母的创造力，倡导用协作的方式来解决争执。

父母想在教育孩子的时候做到宽严相济，首先需要去发掘自身的潜力，与孩子共同发展，共筑和谐家庭，构建良好的亲子关系。

这个挑战既让人振奋，又让人不安，因为它迫使我们改变自己的习惯——这一点对于当今年轻人的教育不可或缺。安妮-克莱尔·克兰丁斯特、琳达·科拉扎在本书中用她们的幽默、理智、聪颖告诉我们如何将愤怒、困难变成具有创造性的机会。

随着行文的进展，简·尼尔森的“正面管教”方法像一幅油画一点点地呈现在读者面前，这些方法渗透在日常生活的各种场景之中，兼具灵活性和可信度。在这些场景中，读者可以发现问题的解决办法，找到简单的应用手段，这样的方式既中肯，又不会局限读者的思维——“万能的答案”虽然让人充满希望，却常是自欺欺人的。作者的意图是打开我们的思路，激发我们去思考，创造一个适合自己家庭的未来。

本书借鉴了心理学家阿尔弗雷德·阿德勒的协作原则，颇具深度。它让读者相信，通过发挥个体的创造性，每个人都可以找到归属感，发现自己的天性，从而为家庭与社会的良好运转做出贡献。

今天，为人父母比以往任何时候都更为艰难。感谢这本实用性与趣味性兼备的指南，它将让我们打开自信的翅膀，自由飞翔。

贝亚特丽斯·萨巴泰

目录

他不愿意

他无法自控

他觉得自己一无是处

他总是喋喋不休

他不会与人交往

10种途径让你改善教育方法

他不愿意

不……
妈妈，
我不愿意！

其实孩子在说“我不愿意”时真正的意思是……

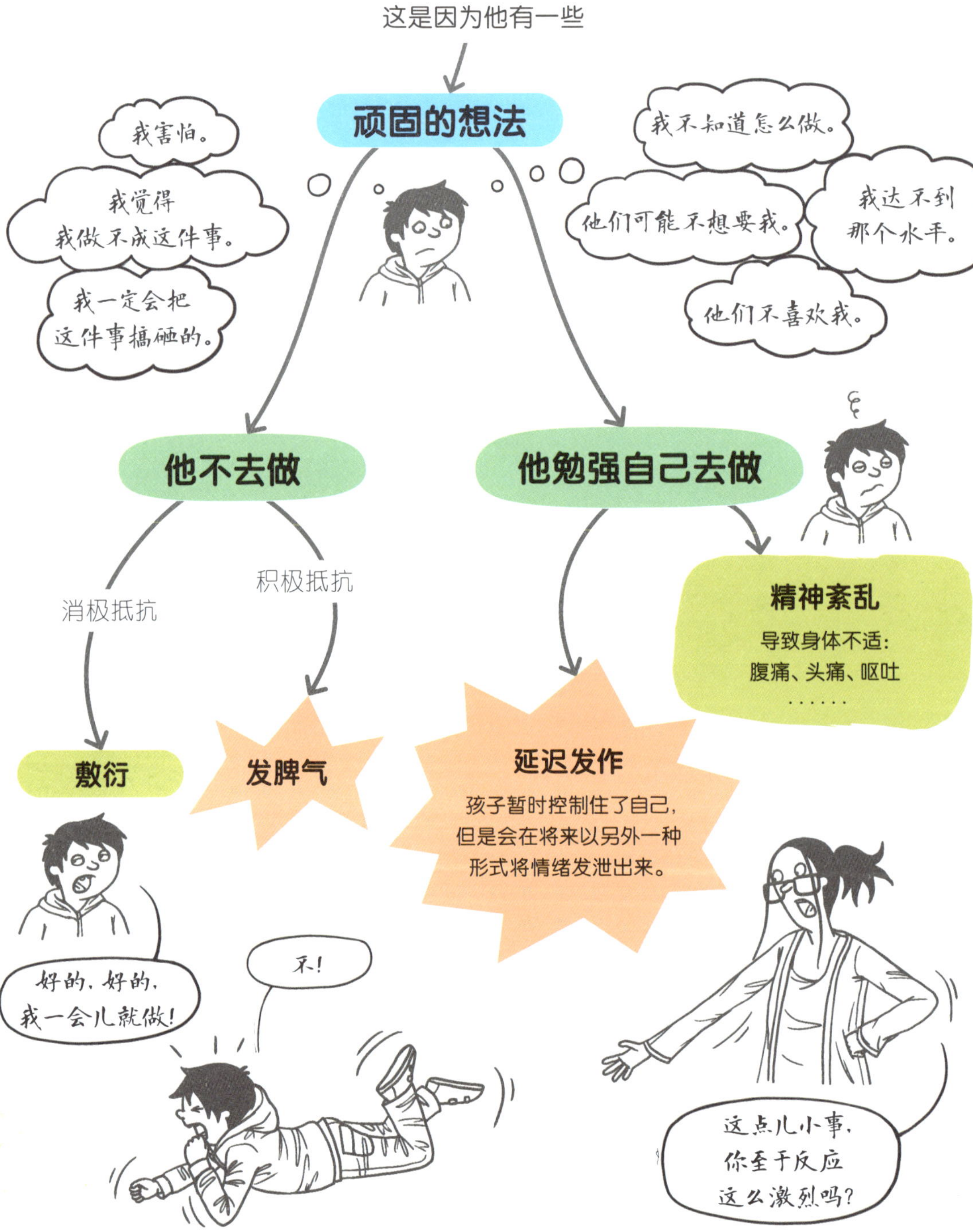

他不愿意
=
他做不到
这是因为他有一些
顽固的想法
我害怕。
我觉得
我做不成这件事。
我一定会把
这件事搞砸的。
我不知道怎么做。
他们可能不想要我。
我达不到
那个水平。
他们不喜欢我。
他不去做
他勉强自己去做
消极抵抗
积极抵抗
精神紊乱
导致身体不适：
腹痛、头痛、呕吐
……
敷衍
发脾气
延迟发作
孩子暂时控制住了自己，
但是会在将来以另外一种
形式将情绪发泄出来。
好的，好的，
我一会儿就做！
不！
这点儿小事，
你至于反应
这么激烈吗？

好吧，
可我该怎么办呢？
松开
我的脚！

要让孩子感到被 **倾听、支持、理解**，这至关重要！
如果不能立刻就理解孩子不想做某件事的原因，那也没关系。

父母应该在合适的时机，主动接近孩子，
以了解他们产生障碍的原因，
并且应该和他们一起找到 **解决问题的办法**，
这样孩子在下一次遇见困难时才能更容易面对。

让我们在日常生活慢慢摸索吧。

他不愿意穿衣服

不要再玩猫捉老鼠的游戏了……

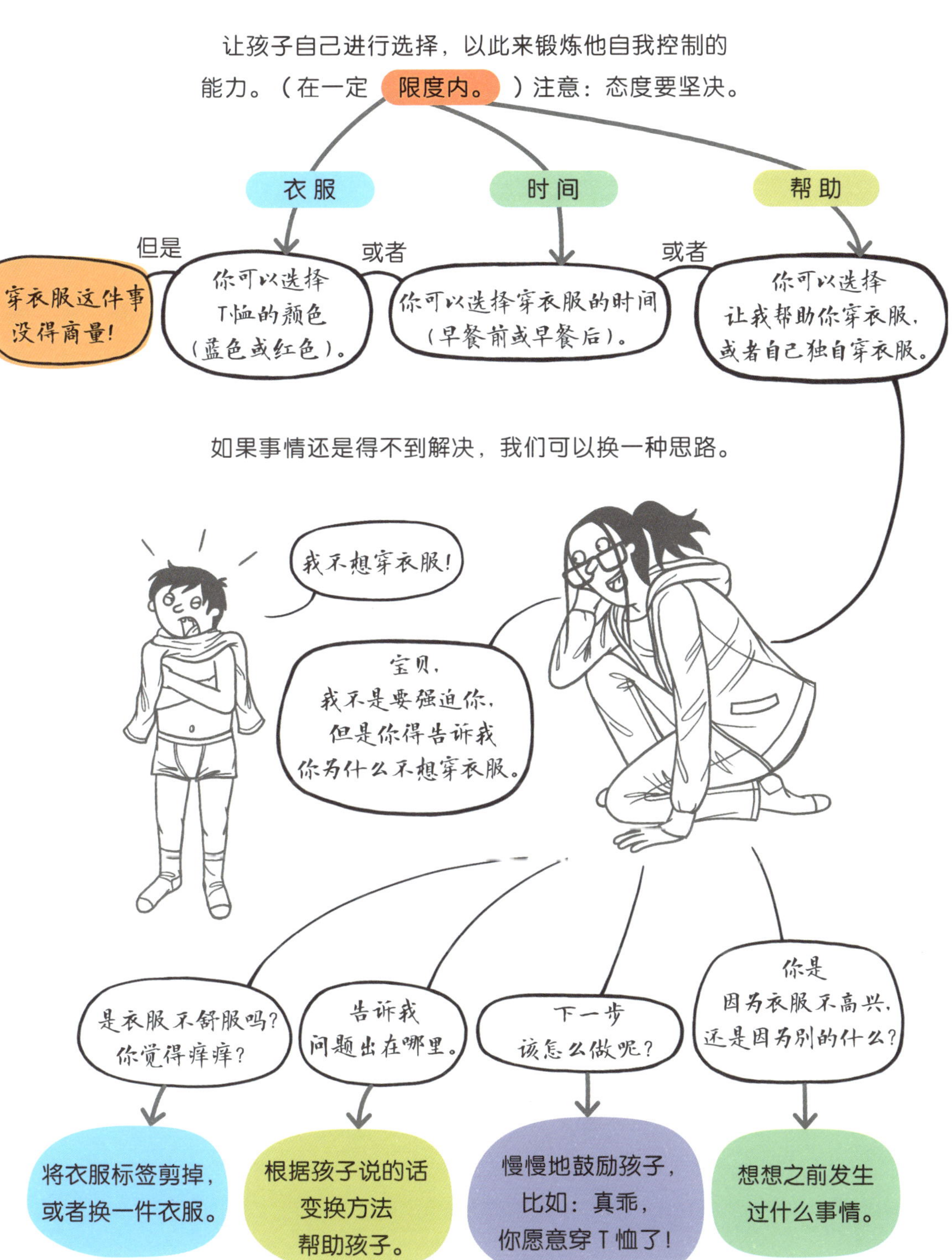
让孩子自己进行选择，以此来锻炼他自我控制的能力。（在一定限度内。）注意：态度要坚决。
衣服
时间
帮助
但是
穿衣服这件事没得商量！
你可以选择T恤的颜色（蓝色或红色）。
或者
你可以选择穿衣服的时间（早餐前或早餐后）。
或者
你可以选择让我帮助你穿衣服，或者自己独自穿衣服。
如果事情还是得不到解决，我们可以换一种思路。
我不想穿衣服！
宝贝，我不是要强迫你，但是你得告诉我你为什么不想穿衣服。
是衣服不舒服吗？你觉得痒痒？
告诉我问题出在哪里。
下一步该怎么做呢？
你是因为衣服不高兴，还是因为别的什么？
将衣服标签剪掉，或者换一件衣服。
根据孩子说的话变换方法帮助孩子。
慢慢地鼓励孩子，比如：真乖，你愿意穿T恤了！
想想之前发生过什么事情。

他不愿意去上学

不要因为赶时间就强行拖着孩子去上学……

我们要让孩子明白，我们知道他遇到了困难，但是他得告诉我们具体发生了什么事情。

根据与孩子的交流，以及父母感受到的孩子困难的程度，有以下几种结果：

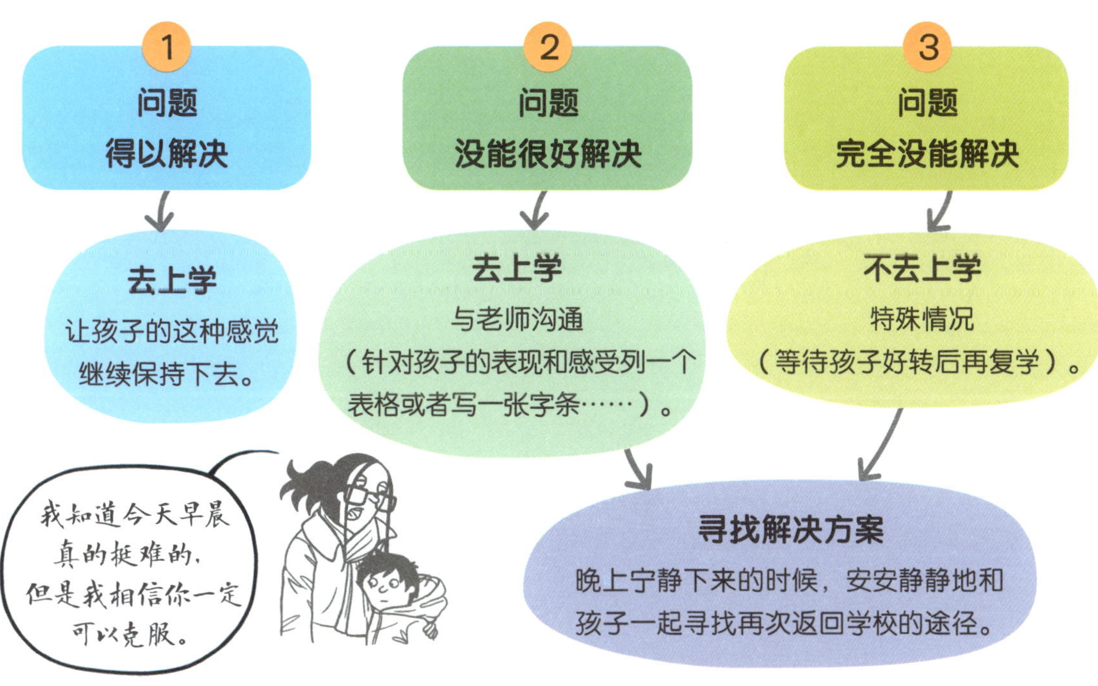

如果情况一直没有好转，一定要与学校联系，并向健康专家（心理咨询师、精神科医师……）求助，以找到调整方案。

他不愿意上桌吃饭

不要总是声嘶力竭地叫孩子吃饭了。

找一找孩子不想上桌吃饭的原因，避免重演上面的场景。

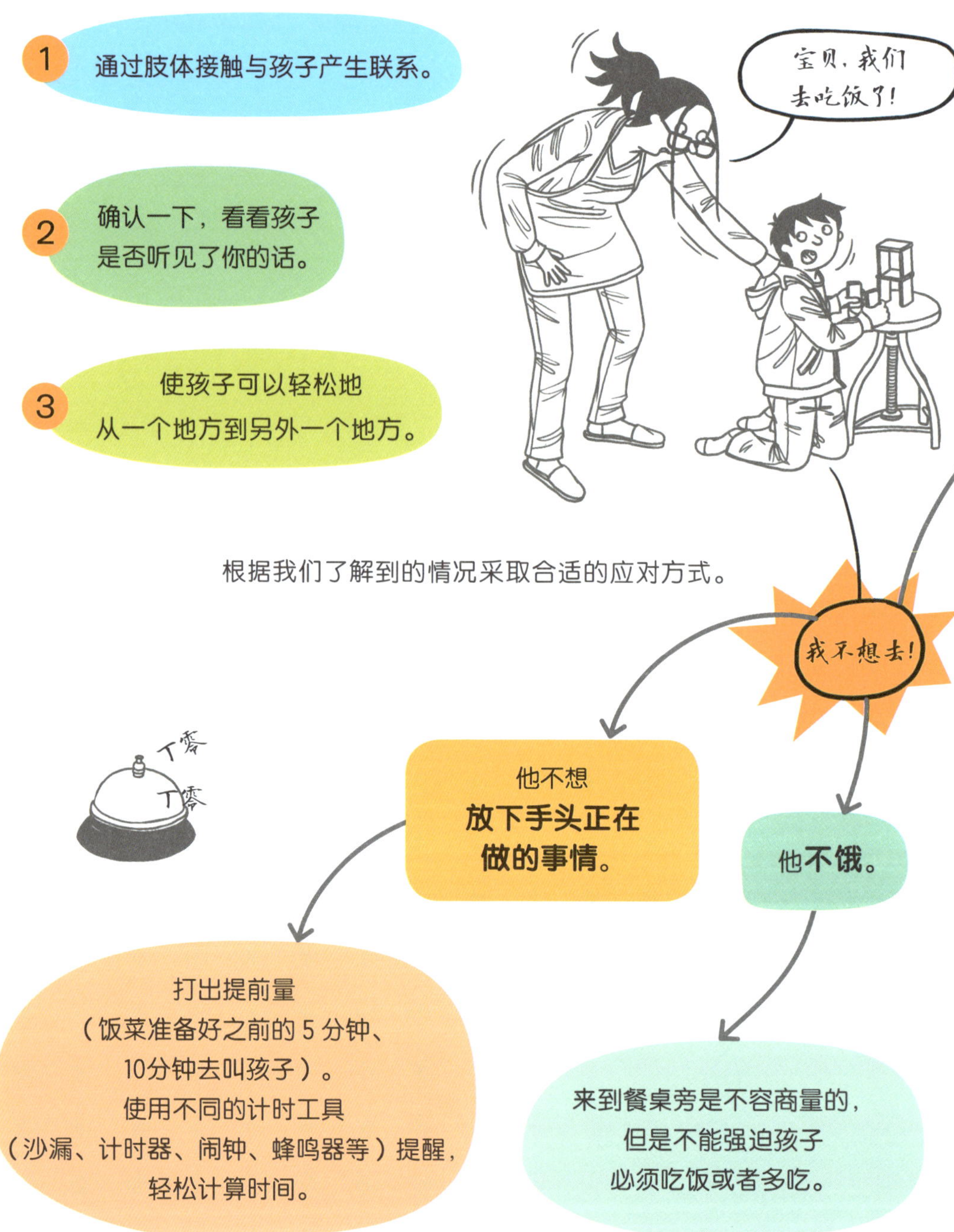

1 通过肢体接触与孩子产生联系。

2 确认一下，看看孩子是否听见了你的话。

3 使孩子可以轻松地从一个地方到另外一个地方。

根据我们了解到的情况采取合适的应对方式。

他不想**放下手头正在做的事情。**

打出提前量（饭菜准备好之前的5分钟、10分钟去叫孩子）。使用不同的计时工具（沙漏、计时器、闹钟、蜂鸣器等）提醒，轻松计算时间。

他**不饿。**

来到餐桌旁是不容商量的，但是不能强迫孩子必须吃饭或者多吃。

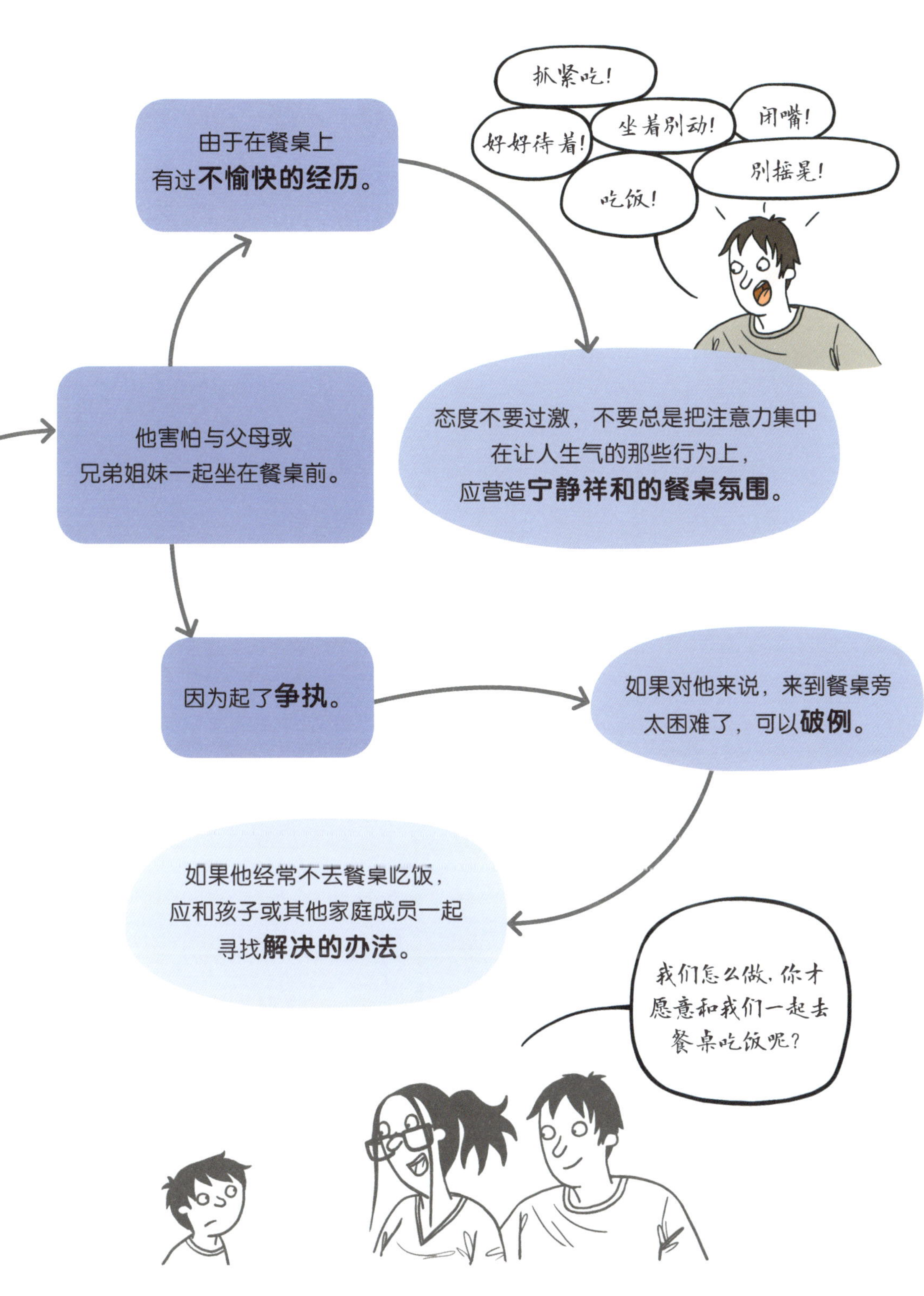
由于在餐桌上
有过**不愉快的经历。**
抓紧吃！
好好待着！
坐着别动！
闭嘴！
吃饭！
别摇晃！
他害怕与父母或
兄弟姐妹一起坐在餐桌前。
态度不要过激，不要总是把注意力集中
在让人生气的那些行为上，
应营造**宁静祥和的餐桌氛围。**
因为起了**争执。**
如果对他来说，来到餐桌旁
太困难了，可以**破例。**
如果他经常不去餐桌吃饭，
应和孩子或其他家庭成员一起
寻找**解决的办法。**
我们怎么做，你才
愿意和我们一起去
餐桌吃饭呢？

他不愿意吃饭

不要带着焦虑的心情，
像患了强迫症似的总想着教育孩子，
这样就把吃饭变成了打仗。

先来看一看我们的胃口受哪些因素影响，
这样才能在孩子不想吃饭时，得以使用恰当的方式来应对。

吃饭

美食享受，心理需要

是菜不合你的口味，还是你不饿？

选择孩子喜欢的食物。

一种新的食物，我们要品尝十次，才知道是否喜欢。

尊重孩子的口味。

你想吃煮青菜还是炒青菜？

我先给你夹一点儿，你尝尝。

我特别喜欢吃这个，希望你也能喜欢！

让**孩子做主**，决定自己吃的东西。

和孩子一起做饭。

有机会可以试着**把做饭当成一门艺术**。

孩子的胃口可能会有所变化，对此要表示**尊重**，这样孩子才会懂得倾听自己的“身体语言”。

夹菜的量可以**少一点儿**（不够可以再夹），不要一次夹许多，强迫孩子吃完。

身体记忆

某种食物曾让他的身体产生不适的生理反应（呕吐、反胃……）。

想办法让孩子看到这种食物时产生**舒适的联想**。

心理状态

轻微的不快也会让胃感到不适。如果孩子与父亲或母亲的关系紧张，他也会不愿意吃饭。

可以用提问的方式来了解情况。

不要忘记立规矩，并且遵守规矩。

他不愿意帮忙做家务

不要再绝望地任由事态发展。

家务活确实不怎么招人喜欢，却是必须做的。

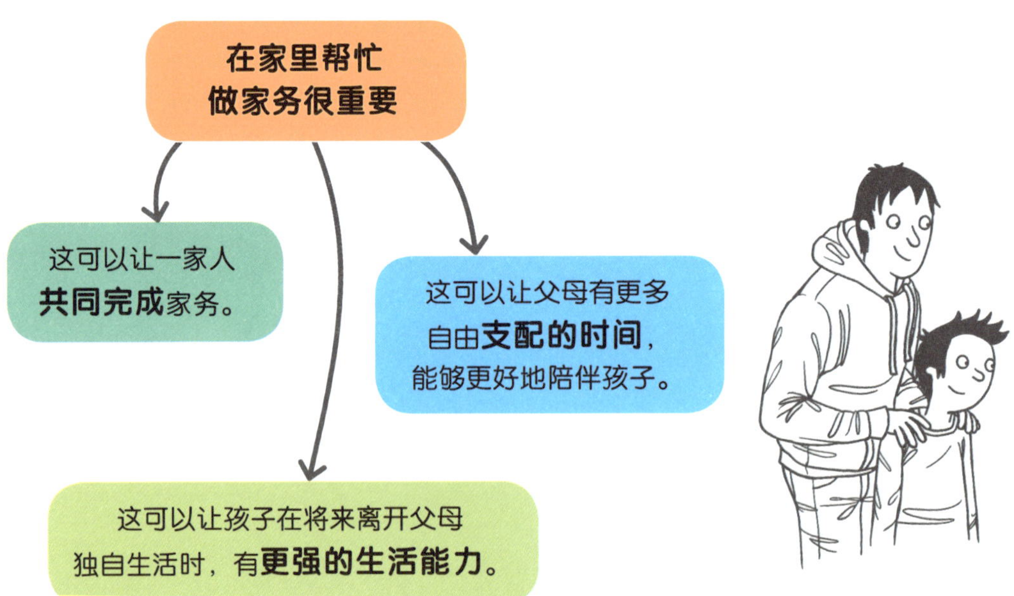

孩子对要做的家务活并不是十分清楚，
父母要帮助他！找时间把一家人聚在一起。

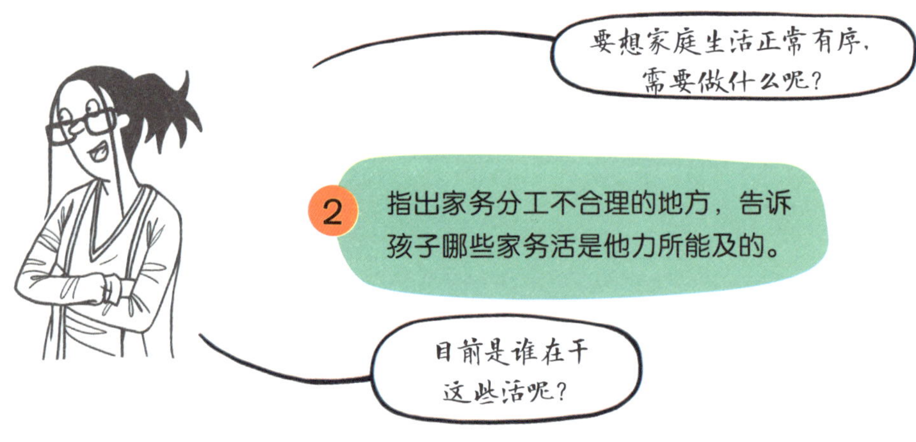

3 大家一起来想想，如何分工才更公平。

如何才能让这个分工表更公平呢？

每个人都应该干哪些活呢？

这是“特工”任务分配表，如果你们接受这些任务，在开始执行后，这个表格就会自动销毁！

“特工”任务分配表

	爸爸	妈妈	鲁鲁	迪迪
摆餐具				
收拾餐具			✓	✓
把垃圾拿出去	✓		✓	✓
整理床	✓			
换床单		✓		
整理房间		✓		
做饭	✓			
清理洗碗机	✓		✓	
擦东西	✓			
用吸尘器清洁房间		✓		
清扫灰尘		✓		
拖地		✓		
洗衣服		✓		
晾衣服		✓		
熨衣服		✓		
叠衣服		✓		
整理衣服		✓		
打扫卫生间		✓		
擦玻璃	✓			
洗车	✓			
给植物浇水		✓		
购物	✓			
买面包	✓			
喂猫		✓		
更换床上用品	✓			
付账单	✓			

这个表可以让孩子轻松记住自己要干的家务活。

但是父母要有耐心，几年之内都需要提醒孩子做家务，最后孩子才会养成做家务的习惯。

他不愿意整理房间

不要再用根本不可能发生的事情去威胁孩子了。

降低要求，减少争执，把精力集中在关键的事情上：

1 房间是游戏和生活的场所，要保持整洁。

应和孩子一起商量如何整理房间。

2 每件物品都要放在固定的位置。

不要忘记：

培养孩子整理房间的能力要花好几年的时间，

而且不同的孩子对整洁的需求程度是不同的。

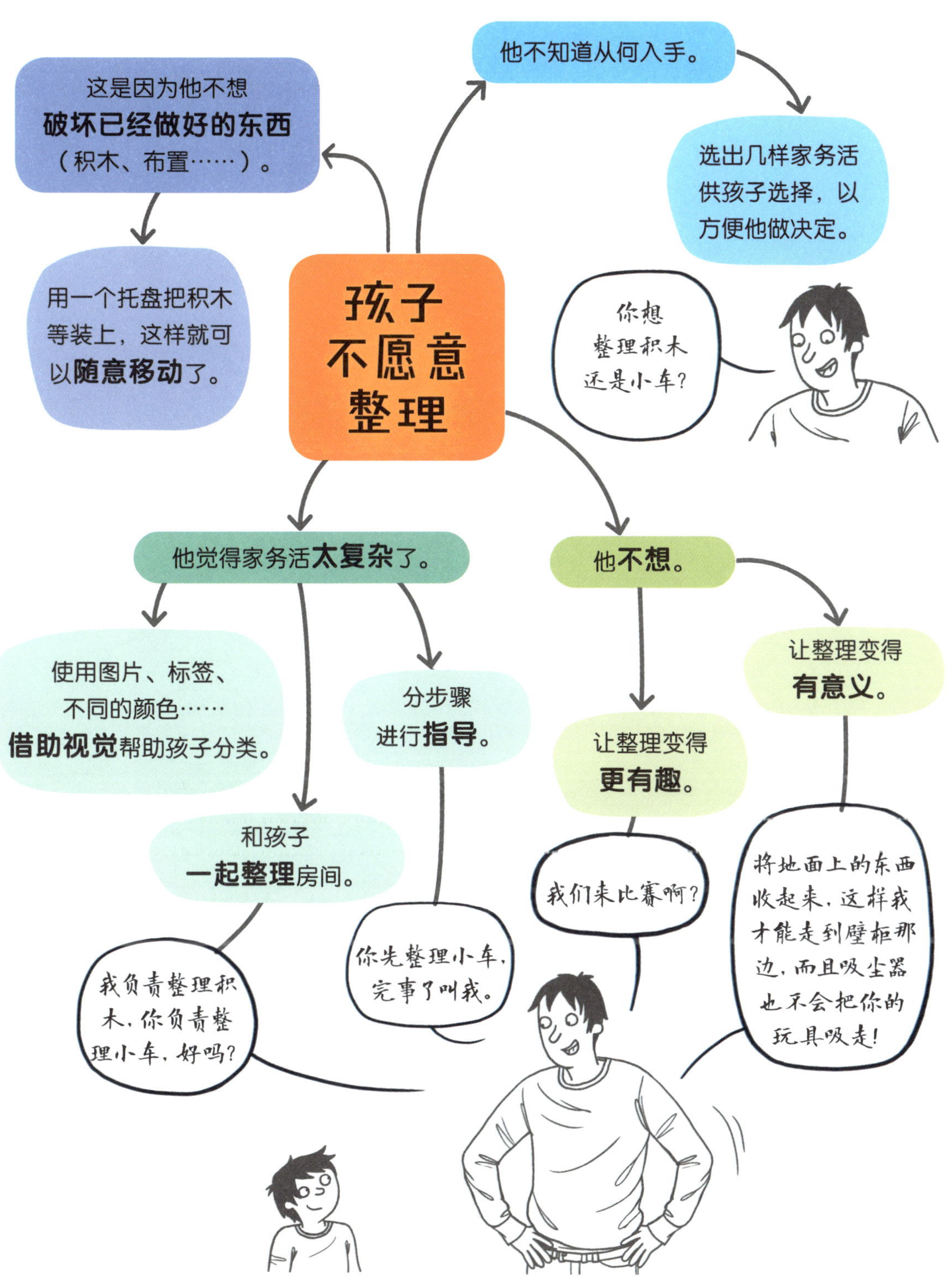
孩子
不愿意
整理
这是因为他不想
破坏已经做好的东西
（积木、布置……）。
用一个托盘把积木等装上，这样就可以**随意移动**了。
他不知道从何入手。
选出几样家务活供孩子选择，以方便他做决定。
你想整理积木还是小车？
他觉得家务活**太复杂**了。
使用图片、标签、不同的颜色……**借助视觉**帮助孩子分类。
和孩子**一起整理**房间。
我负责整理积木，你负责整理小车，好吗？
分步骤进行**指导**。
你先整理小车，完事了叫我。
他**不想**。
让整理变得**更有趣**。
我们来比赛啊？
让整理变得**有意义**。
将地面上的东西收起来，这样我才能走到壁柜那边，而且吸尘器也不会把你的玩具吸走！

他不愿意做作业

不要再让时间溜走……

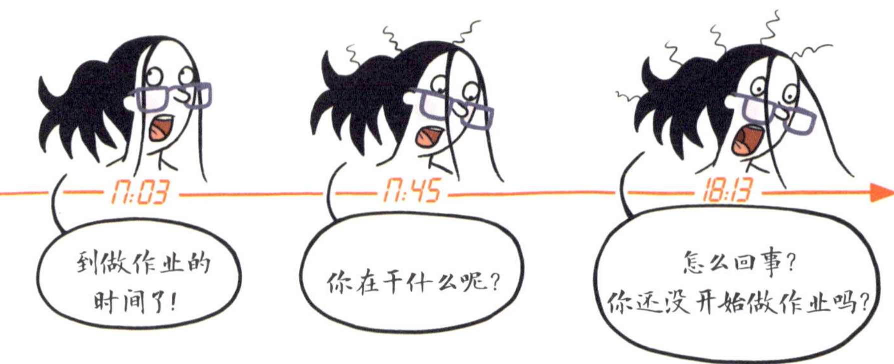

最后终于爆发了……

我们要试着去了解他**拖延***的原因。

孩子面对要做的作业，会在脑海中设想做作业时的情形。

他想到的可不见得是美好的事情！

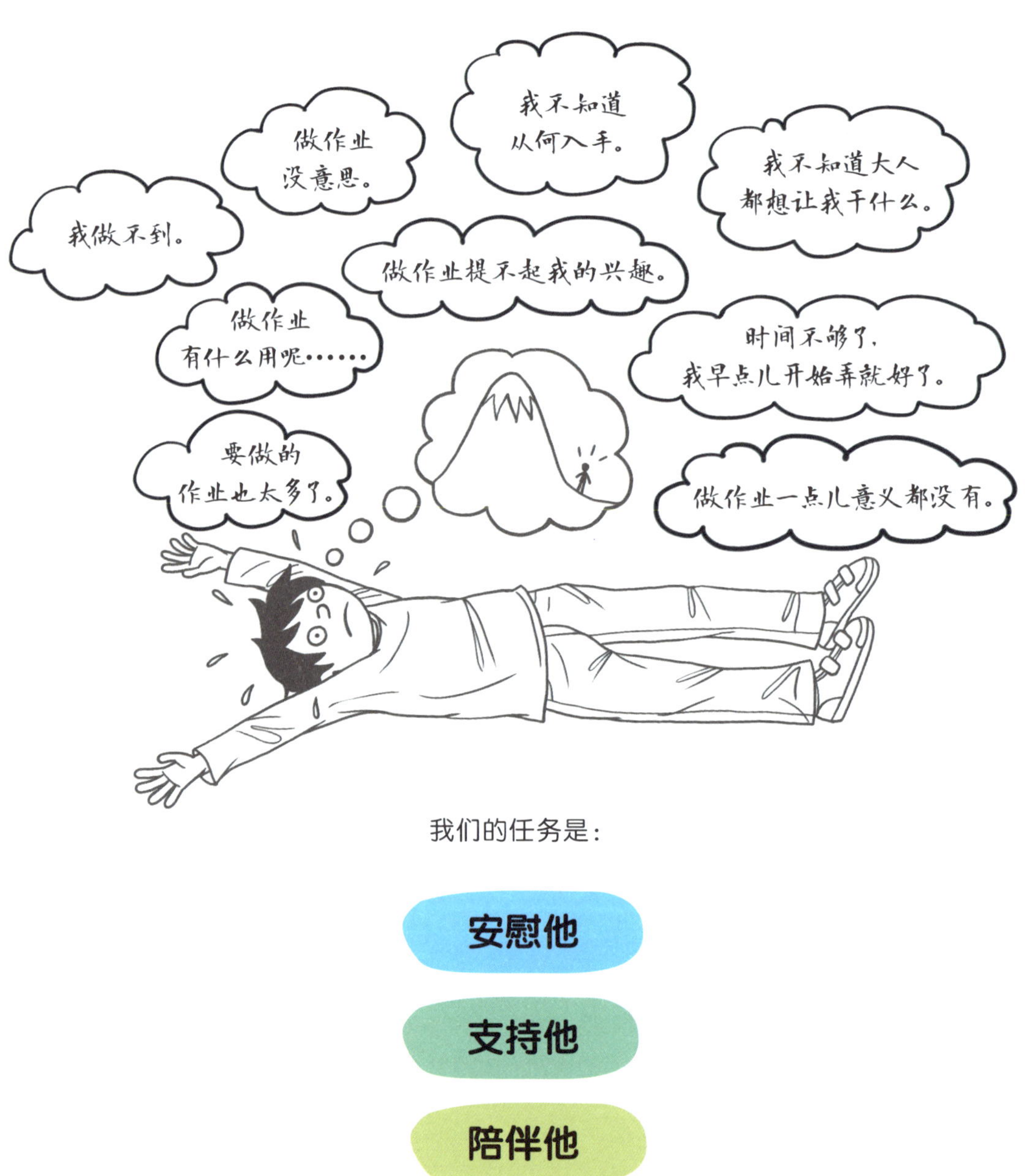

我们的任务是：

安慰他

支持他

陪伴他

* 注意："拖延"并不是贬义词，它是指总是推迟现在该做的事情。

1 给孩子充足的时间完成作业，这样他才会有**安全感**。

2 指导孩子，帮助他**面对恐惧**。

我怎样做才能帮上你呢？

你需要什么？

你害怕什么呢？

你可以从哪里开始呢？

你想先从简单的开始，还是从有难度的开始？

3 想办法让**动手**做作业变得容易。

拿一个玩具给孩子，让他安心，或者以玩具当引子，让他开始做作业。（这种方法适合年纪较小的孩子。）

给孩子设想一个美好的图景。

有志者事竟成！带着你的宝贝玩具一起写作业吧，它会带给你力量的！

完成作业之后，你就可以……

他不愿意学习*

不是将孩子按在书桌前就万事大吉了，还要他真的开始投入学习才行！
不要再威胁孩子，毫无意义地啰里啰唆……

* 本节内容适用于上小学的孩子。因为对于上幼儿园的孩子来说，他们的主要任务还是玩耍。

另外，有时父母还会贬低孩子。

学习困难的原因有很多，我们从中挑选几项进行说明。

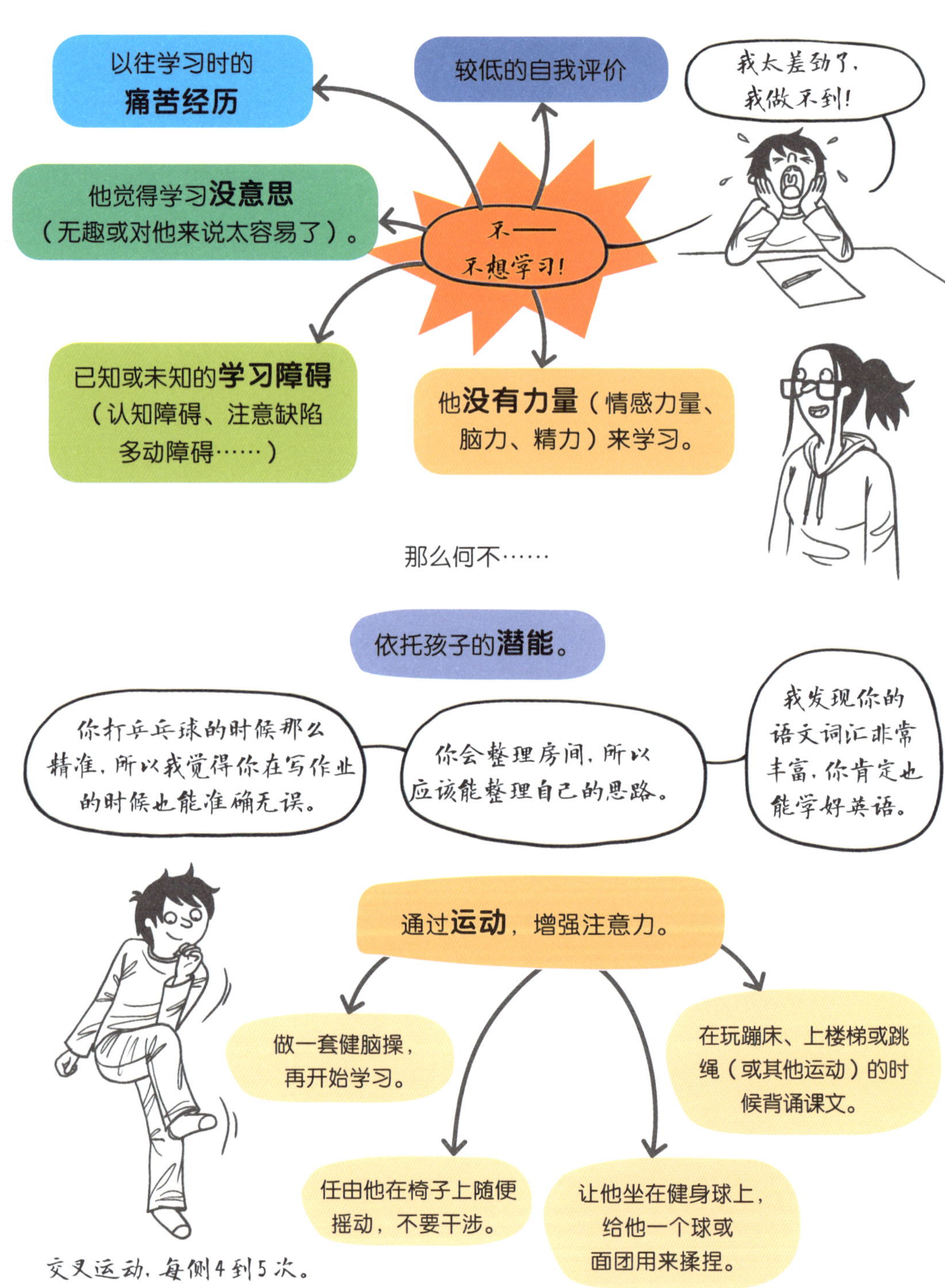

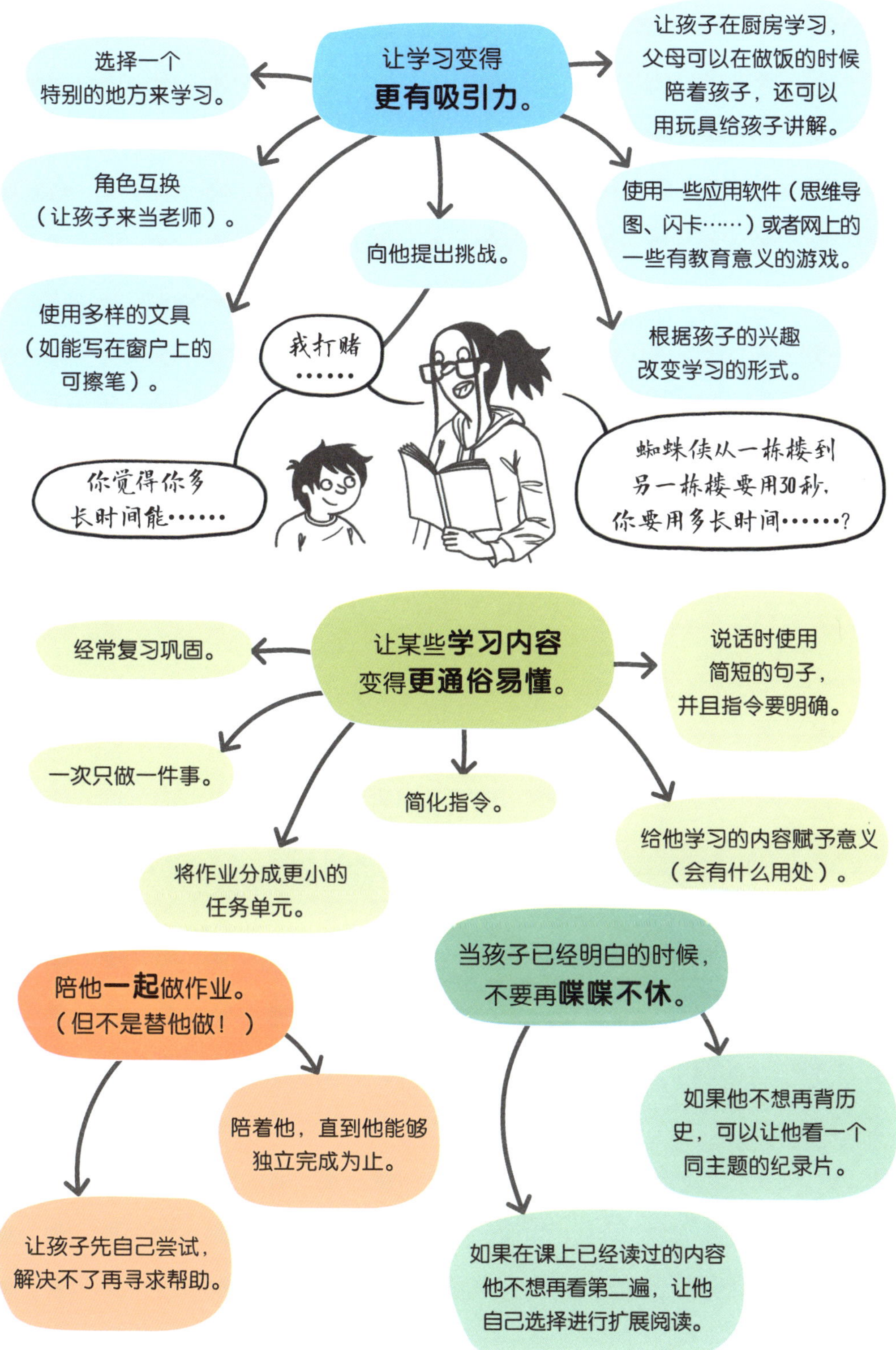

让学习变得
更有吸引力。
选择一个
特别的地方来学习。
让孩子在厨房学习，
父母可以在做饭的时候
陪着孩子，还可以
用玩具给孩子讲解。
角色互换
（让孩子来当老师）。
向他提出挑战。
使用一些应用软件（思维导
图、闪卡……）或者网上的
一些有教育意义的游戏。
使用多样的文具
（如能写在窗户上的
可擦笔）。
根据孩子的兴趣
改变学习的形式。
我打赌
……
你觉得你多
长时间能……
蜘蛛侠从一栋楼到
另一栋楼要用30秒，
你要用多长时间……？
让某些**学习内容**
变得**更通俗易懂。**
经常复习巩固。
说话时使用
简短的句子，
并且指令要明确。
一次只做一件事。
简化指令。
给他学习的内容赋予意义
（会有什么用处）。
将作业分成更小的
任务单元。
陪他**一起**做作业。
（但不是替他做！）
陪着他，直到他能够
独立完成为止。
让孩子先自己尝试，
解决不了再寻求帮助。
当孩子已经明白的时候，
不要再**喋喋不休。**
如果他不想再背历
史，可以让他看一个
同主题的纪录片。
如果在课上已经读过的内容
他不想再看第二遍，让他
自己选择进行扩展阅读。

他不愿意睡觉

不要再让夜晚充满紧张和警告。

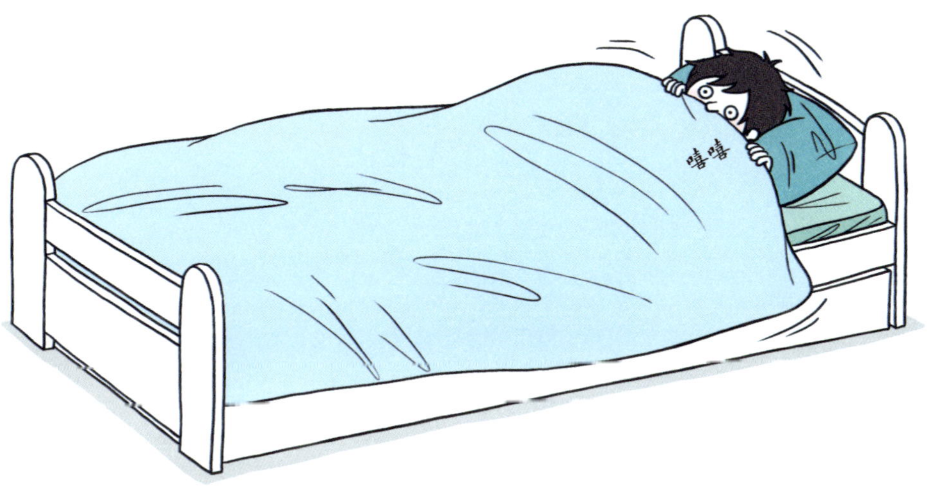

尽量去了解孩子不愿意睡觉的原因。

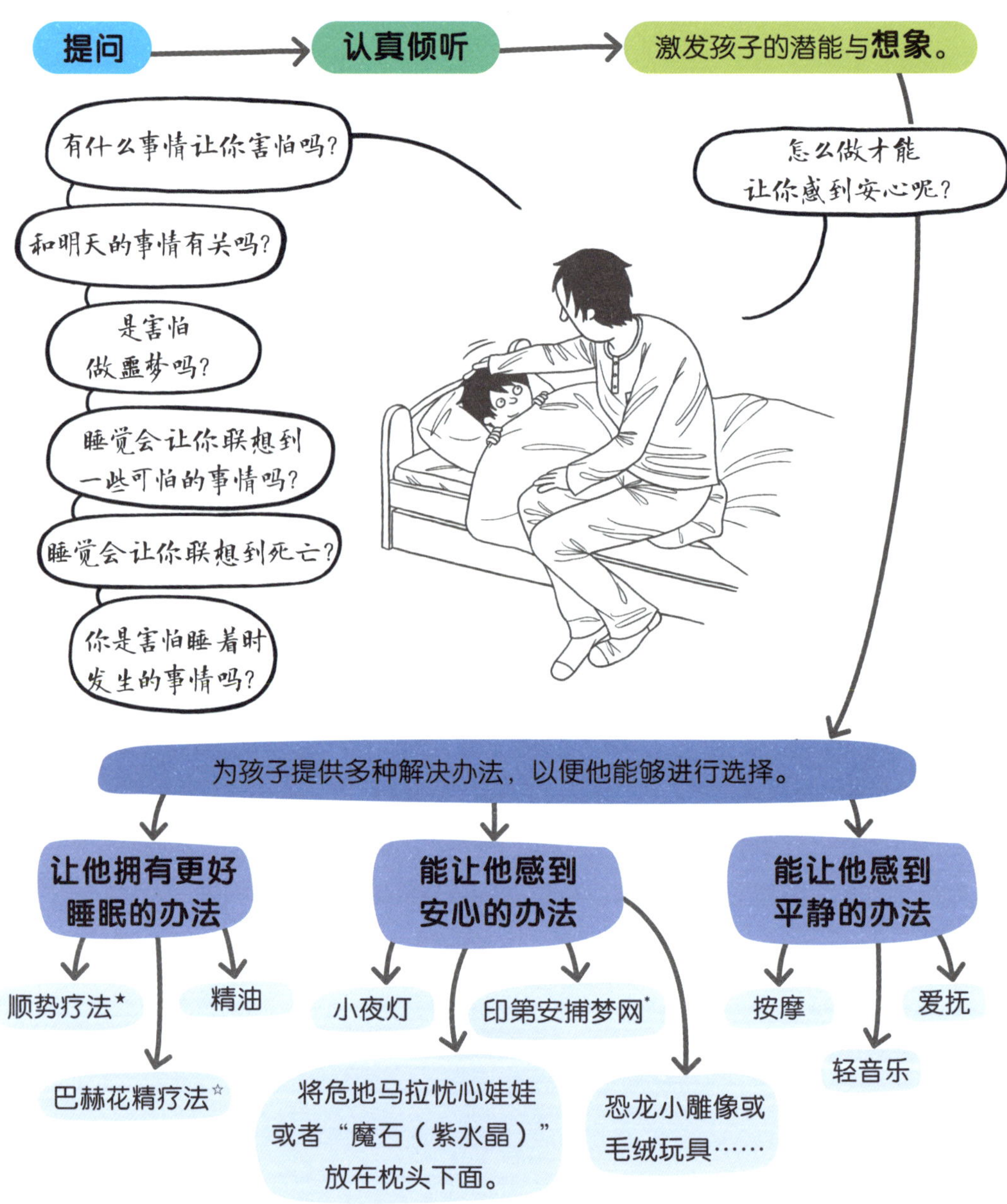

★ 顺势疗法是指通过高度稀释的药效与病情相同或相似的药物，激发人体的自愈系统，从而有效治疗疾病的医疗体系。

☆ 巴赫花精疗法由爱德华·巴赫医生所创，他发现有38种天然无毒的野生花具有疗愈能量，可协助我们平衡身心、调理情绪。

* 印第安捕梦网源自18世纪，印第安人用它来捕获美丽的梦，过滤噩梦。

思考一下，看是否存在阻碍孩子睡觉的因素。

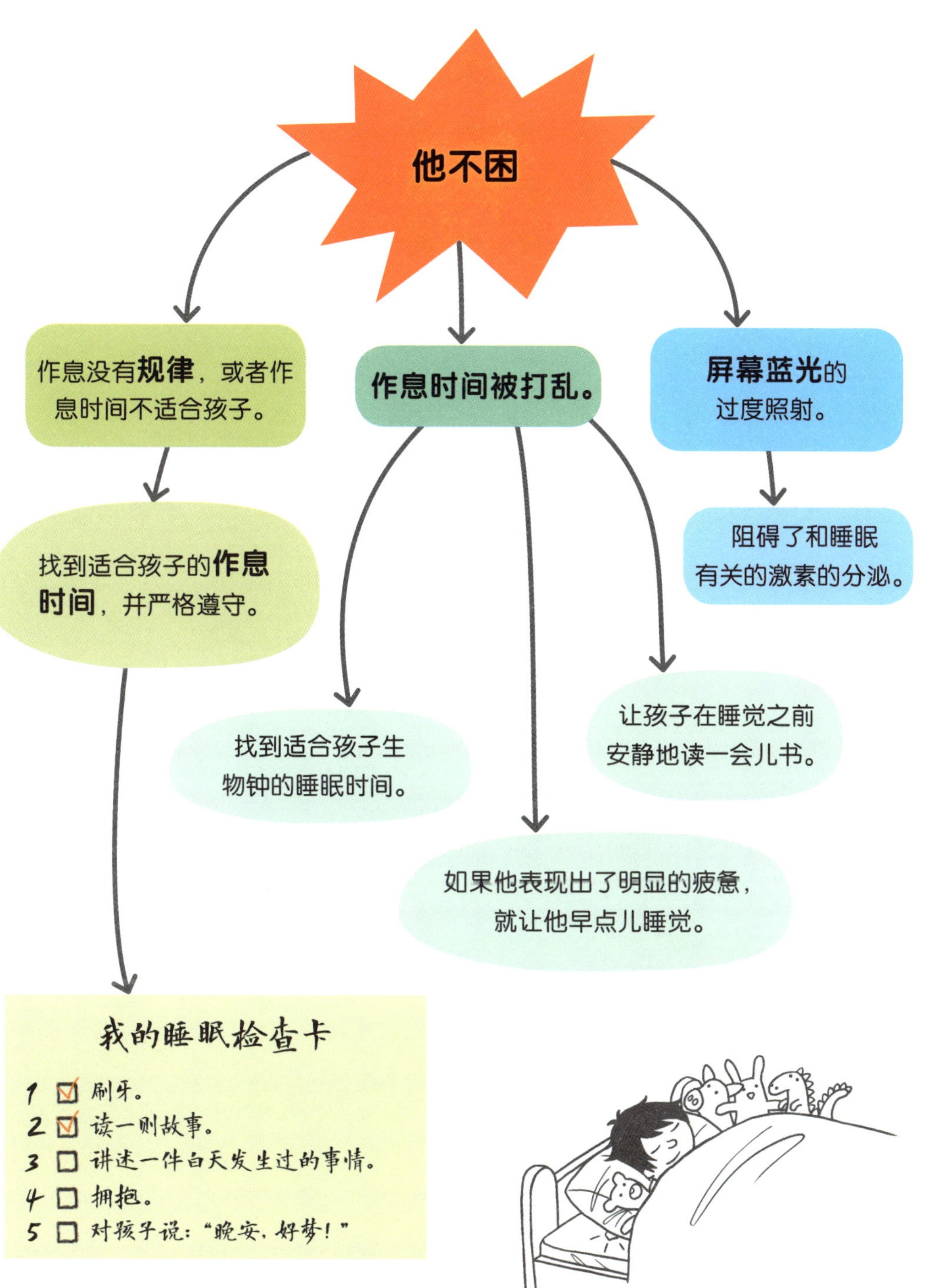

把外套穿上，
外面冷！
不——
天不冷！

他无法自控

不要再因为孩子发脾气而觉得丢脸，

也不要以“怒”制“怒”。

试着找出孩子发脾气的原因。

家长可以思考一下下面的问题：

他无法自控，这是为什么？

这是由于日积月累的**疲惫**感。

这是由于他感受到了**父母身上的紧张情绪**（工作、夫妻关系、劳累……）。

这是因为他产生了一种**强烈的情绪**，而没能将它释放或表达出来。

因为他觉得**不公平。**（有些孩子对公平感尤其敏感。）

因为我们成年人觉得不值一提的小事，对孩子来说可能**特别重要。**（孩子会产生不被理解的挫败感。）

因为强烈的**挫败感。**

因为他的**自尊**被削弱了。

因为在**生理层面无法承受。**

因为家长**没有提前告诉**他，所以他只好无奈地接受某个决定。

家长忽然**改变计划**，孩子没有做好准备。

可是我还是不明白他
为什么发这么大的脾气。
我总不能跟他
这么耗上一天啊!
我到底该怎么办呢?
我已经和你说了,
天不冷!

为何某种**情感**会让孩子**发脾气**呢？让我们看一下神经科学家的解释：我们的**大脑**真的会发生“**短路**”的情况，一些俗语也可以验证这一点。

大脑的下层部分（爬行脑与边缘系统）与大脑的上层部分（新皮质）相比，反应更为迅速，也更听从本能，当太多的情感一起涌上来时，大脑的下层部分会抑制上层部分的功能，因此我们就无法理智地思考，无法保持冷静，也无法倾听他人的观点……这样我们就直接被情感控制住了！

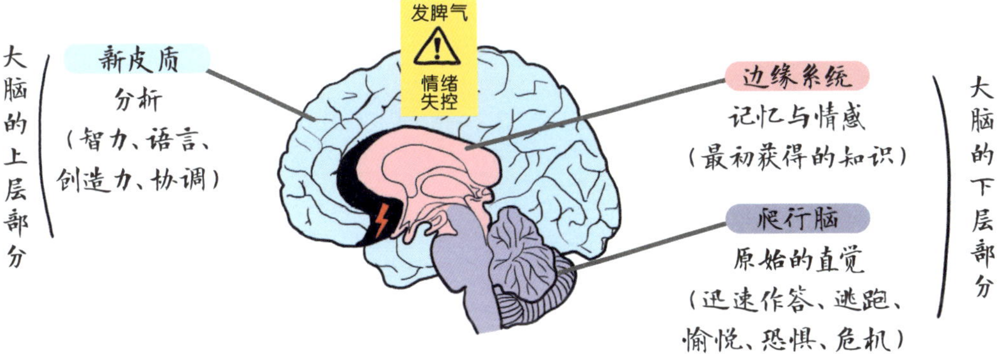

我们的大脑中还存在着一种叫“**镜像神经元**”的神经细胞，它让我们拥有了模仿的能力，对于我们的学习至关重要，但同时它也会让人情感失控。

如果孩子大脑的上层部分失去了控制，
再试着去和他商量或讲道理就完全没有用了。那我们该怎么做呢？

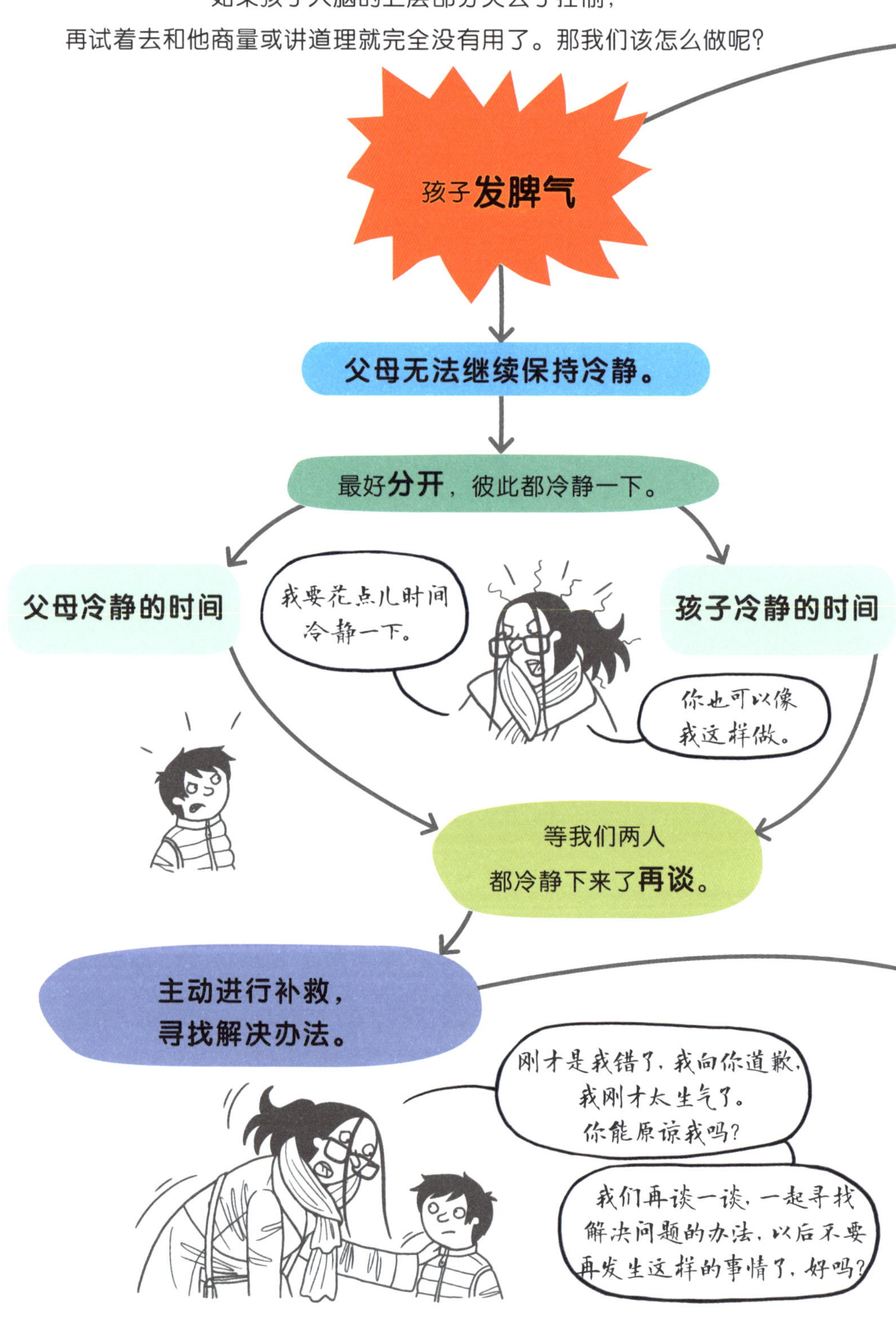

父母可以继续保持冷静。

帮助孩子重新控制自我。

在家里

可以和孩子一起找一个地方，去那里待一会儿来恢复平静。

在外面

根据孩子的需求和环境选择一个最理想的方案：

- 将孩子抱在怀里，让他克制自己。
- 让他在附近的某处自己平静 2 分钟，可以和他有轻微的身体接触（比如用手臂搂住他的肩膀）。

在他恢复冷静之后，我们首先要接受他的情感波动，并予以肯定。

如果父母不明究竟，那么就和孩子一起探究事情发生的原因。

如果父母明白孩子发脾气的原因，就说出来。

鼓励孩子去忍耐，去控制自己的情绪和挫败感……

让发脾气成为学习的机会。

在日常生活中控制发脾气会有什么好处呢？

面对拒绝，他无法自控

我们要时刻记得一件事：孩子**总是在寻找快乐**，随着时间的流逝，他会更加抗拒挫败感，而且每个孩子面对拒绝时的反应也不一样。*

如果我们对孩子态度过于**强硬**，就容易让孩子**大发**脾气。

* 对于有注意缺陷多动障碍的孩子，脑科学做出了解释：他们的大脑前额叶皮质发育不全，抑制冲动的能力较弱，这使他们难以抗拒诱惑。

要克服这个障碍很简单。

1 正视他的愤怒。

2 提醒他自己所处的情况。

3 给他留有希望。有些简单的话很有魔力。

在某些情况下，我们可以照着下面的方法去做。

我知道你特别想吃巧克力。

但是现在不是吃巧克力的时候，马上要吃饭了。

你可以在午饭后吃一块。

这个玩具是送给你小伙伴的生日礼物。

我知道你特别想要一个同样的玩具。

如果你过生日的时候还想要这个玩具，我就送给你一个。

我知道你想像你的小伙伴一样，在卧室里放一台电视。

你和我们住在一起的时候，这件事恐怕无法实现。

但是当你长大了，有自己的公寓的时候，你就可以自己做主了。

他无法自控地摔东西或骂人

要知道愤怒是**身体的一种生理反应**。

有些孩子在愤怒时情绪尤为激烈，会摧毁所经之处的一切东西。

我们作为成年人，如果以暴力应对暴力的话，

就会让大发雷霆变成家人之间的交流方式。

我们童年时经历的一些情景会储存在**情感记忆**（边缘系统）中，当我们遭受压力的时候，这些情景就会让我们不受控制地产生情感波动。

好在我们能够摆脱这种重复的冲动模式。从长远来看，摆脱这种模式对我们自身、对我们的孩子、对家庭氛围和与他人相处有着多方面的益处。

因此我们的目标就是教会孩子以不同的方式应对愤怒或挫败感。方法如下：

1 允许孩子表达自己的**愤怒**。

可以抱一抱孩子，通过肢体的接触，让他感觉身体受到了控制，从而知道自己不会完全失控。

你很安全，
保持平稳的呼吸，
你可以的！

如果孩子当时无法忍受肢体的接触，
就不要触碰他。

2 让孩子在他自己选择的角落里**慢慢冷静**，可以借助一个或多个物品帮助他平静下来，从而让他安全地发泄出自己的怒火。

可以使用抗击能力强的击打球或者解压靠垫。

软垫或床垫，
能让孩子整个躺进去。

可以使用“泄愤球，
让孩子用脚或手全力去打。

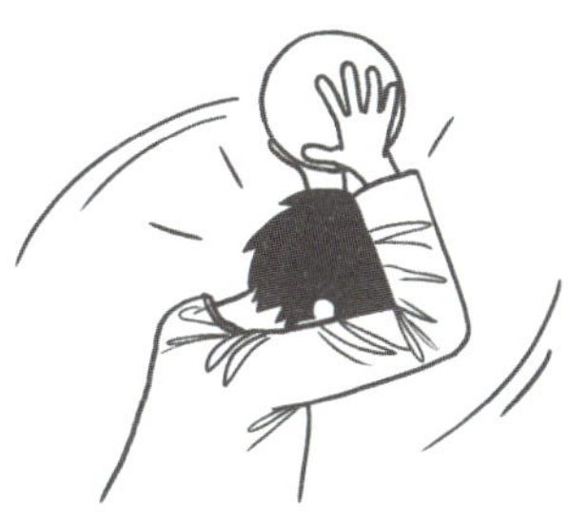

不禁止说脏话：

- 但是脏话只能在卫生间说或者向一个带着瓶塞的瓶子说。
- 可以试着用有趣的词代替脏话——可以是已经存在的词，也可以是在某个晚上我们心情好的时候和孩子创造的新词。
- 可以指定一分钟，在这一分钟内说什么脏话都可以，但是之后一整天都不可以再说。

孩子越是可以自如地面对自己的情感，就越不容易情绪失控，也不会轻易地付诸暴力。当他长大的时候，由于已经经历过了这种情感体验，对其有了了解，他可以感觉到自己的愤怒，并且有能力让它慢慢地平息下来，所以就不会造成过多的损害。

3 如有必要，给他改正错误的机会，这样孩子就不至于因为无法控制愤怒，而自我贬低或产生负罪感。

被打碎的小摆设
是可以修好的。

被话语伤害的人可以接受道歉，
并原谅对方。

虽然修复总是会
留下痕迹，但是我们
肯定会感觉更好过。

为人父母，向孩子道歉或请求原谅有时并不容易做到，因为父母小的时候，并没有接受过这样的教育。但还是要主动做出努力，为了给孩子做出表率，这样做真的很值得！

注：米雷耶·达朗瑟的小册子《大发雷霆》是专门写给孩子的书，很好地解释了愤怒这种情绪，说明了正是由于愤怒的情绪，才有了“不受控制”这种说法。

他在商店里无法自控

要记得超市会让孩子感到难受。噪声、光线、气味、人群、各种物品、促销……都可能**让孩子爆发脾气**。

如果我们让步（想要迅速了事或者息事宁人）的话，
我们就有可能使孩子认为：
我发脾气 = 我得逞。

给自己一点儿时间，换个思路去考虑问题：

如有可能，一开始就与孩子商量，一起想办法解决问题。

他在饭店里无法自控

要明白成年人喜欢去**饭店**，但是孩子（尤其是年龄小的孩子）却不一定喜欢。

对于孩子来说，**饭店 = 一动不动地等待**。

父母如果没有考虑到孩子的生理需求，那么他就有可能发作。

遇到这种情况，父母的第一个应对办法是让孩子有事可做（可以给他提供书、填色画、小雕塑……），这样他就不会打扰大人了。但是如果我们没想到要这么做，或者这么做也不管用，而且孩子已经表现出了难耐，我们可以采取下面的方法。

面对电子设备，他无法自控

要记得孩子可能会对手机、平板电脑等电子设备**上瘾**。
如果我们失去了耐心，强行从孩子手中拿走这些电子设备，
这种**简单粗暴的办法**，就会导致孩子**发作**。

将心比心，想想我们成年人在面对手机这样的甜蜜诱惑时就总能保持**理智**吗，
显然并非如此。因此如果孩子对电子设备上瘾让我们担心，
那就要以身作则，言行一致。

同时，我们也需承认智能手机真的是一把“双刃剑”，
其功能绝不仅仅局限于通话。

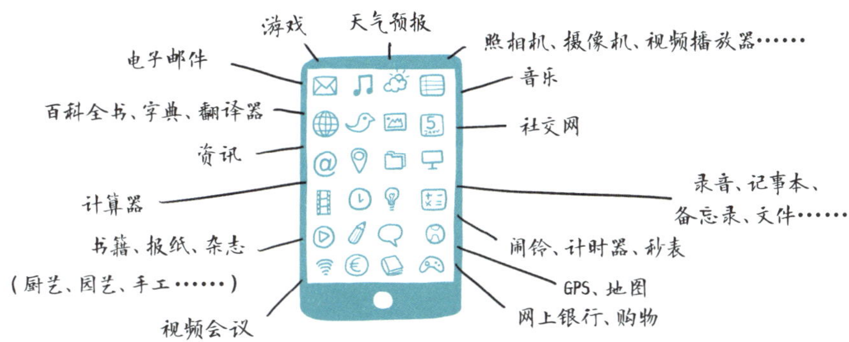

有时候孩子以为父母在玩手机，而实际上我们是在工作，
我们要向孩子解释清楚：手机也可以作为一种工作用具。

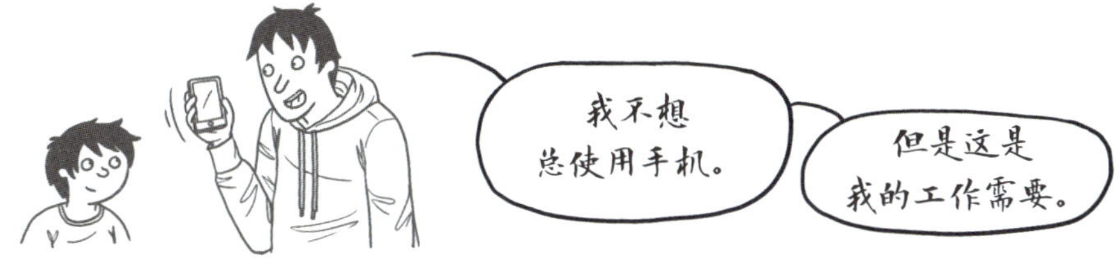

父母还要了解自己的矛盾心理：我们不想让孩子滥用手机，
但是有时我们为了自己能清净地待着，会纵容他玩一会儿。

最后一点，如果我们真的觉得，处于发育年纪的孩子
面临的诱惑太大了，我们要帮助他。

我们应该利用一些工具，而不是坐以待毙。要陪伴孩子，直到他们可以完全自主和自律……这是一项长期的工程！

1 限制时间，并遵守*。

我们也得做好心理准备，娱乐的时间很可能会超出限定的时间。但是如果把规矩定得很清楚，我们就能更坚定地去执行。

2 不要打搅他，除非有紧急情况。

当孩子在玩的时候，父母和孩子双方都要遵守规定的限制时间。

3 可以在到达规定时间之前几分钟提醒孩子。

可以使用计时器、蜂鸣器来**计算时间**。

* 如果是大孩子，可以和他一起商量使用时长。

如果时间到了之后，孩子没有尽兴……

4 让他讲出自己的问题。

不要忘了，根据情况，在坚守原则的前提下，也可以变通一下。

5 给孩子推荐一下其他活动。

（出门、做运动、玩室内游戏、一起读书……）

对于喜欢玩电子设备的孩子，我们可以培养他的责任感，如果他能够在约定的娱乐时间到了时及时停下，就可以再延长一点儿时间作为鼓励。

介绍一个具有强制性但是有效的计算时间的窍门：
表现好 = 加一分钟 = 在玻璃瓶中加入一颗豆子。
在玩的时候只要去数一数豆子，并且努力增加豆子的数量就可以了。

你赢得了10分钟，你是想现在就把这10分钟用掉呢，还是想下次一起多玩一会儿？

他在车里无法自控

不要忘了车内是一个**封闭**的空间，在车里，人的行动会受到**限制**，而且没有办法躲避。又因为我们在**忙着**开车，有时候难免**紧张**，所以我们的反应也会比较粗暴，这样的情况下孩子很容易就会发作。

我们的第一反应就是打、喊、威胁，要想不这样做……

我们要明白车程本身会导致孩子发脾气。

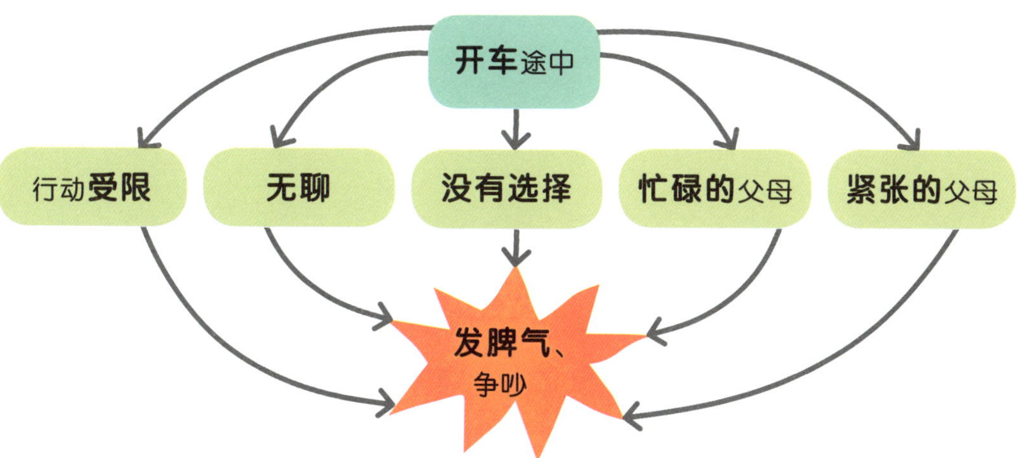

先发制人：提前告诉孩子如果他们在车里不听话，我们会怎么做。

如果到时候，孩子还是忍不住发脾气，我们只需要遵守之前的约定就可以了。不用说话，等着孩子自己平静下来，甚至可以提前准备本书在一旁阅读，这样可以更有效地让孩子停止发脾气。

如果路途比较长，要想着提前准备点儿打发时间的东西（音乐、多人或单人游戏），把电子设备留在旅途结束的时候玩。

我好丑！
没有啊，宝贝，
你很好看！

他觉得自己一无是处

啊！我太——差——劲——了！

我太丑了，
我的头发都
贴在头皮上了！
你想用点儿
发胶吗？

呃……
不好用嘛！
我太笨了，
弄个头发都不会！
胡说，
你才不笨呢，
是发胶
效果不好。
我就是
又笨又丑！

我用的时候
从来都不好使，
我就是太笨了！
我受——够——了！
你开始拿你的头发
找碴儿了！我把你剃成
光头，问题就解决了！

他为什么会觉得自己一无是处呢？

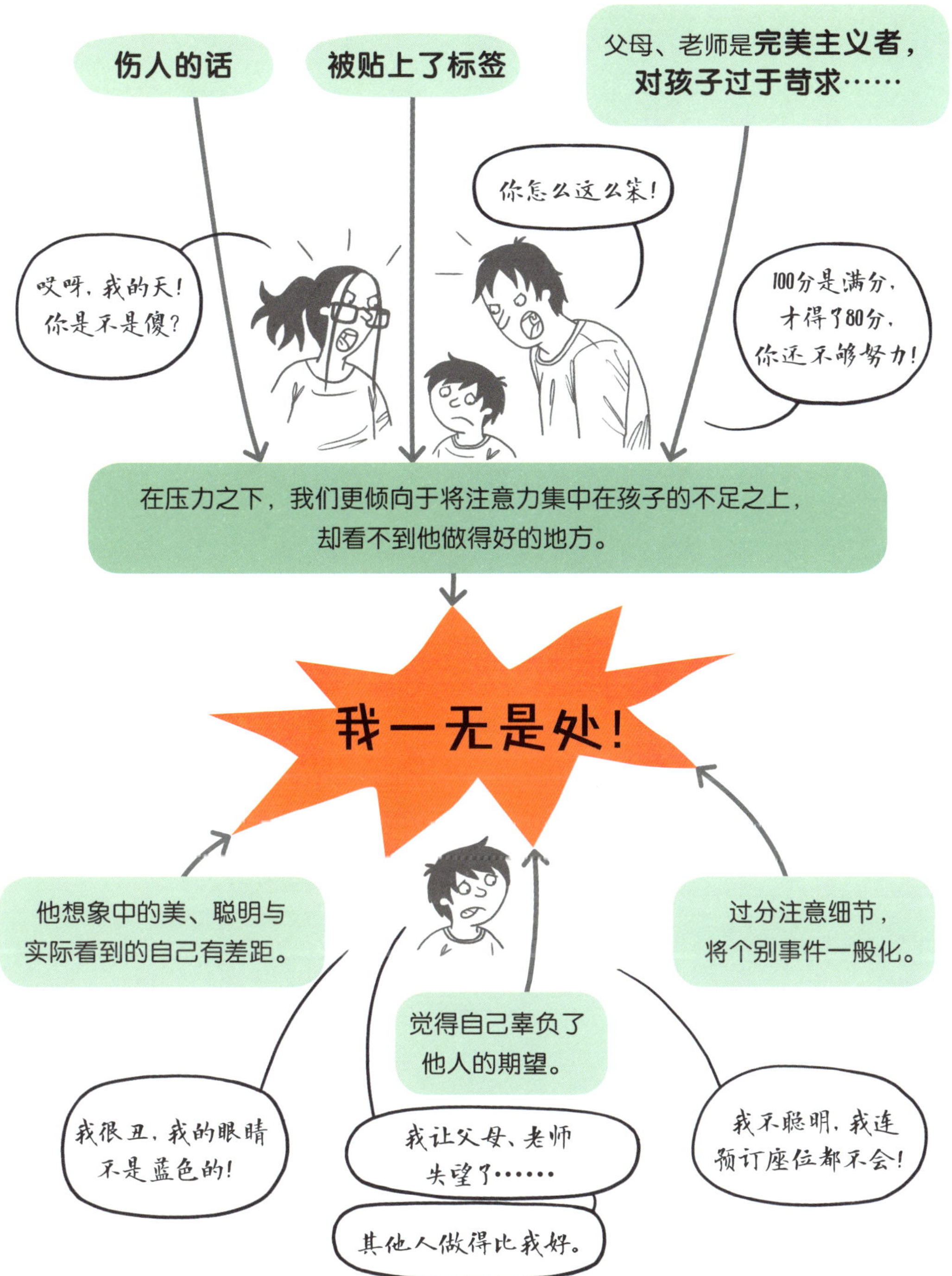

嗯?!是我搞错了?或者你的意思是说，他觉得自己又笨又丑，这是我的错?
我太蠢了!太蠢了!太蠢了!

不，这不是我们做父母的错！当听到孩子说“我太笨了！”的时候，我们会很难过，就像这话是在说我们一样，我们会受到触动，受到影响。

我们的第一反应就是让他不要这么说，但是我们却没有倾听他的想法。

如果孩子对我们说“我太笨了”，其实是在告诉我们他有一种挫败感。如果我们立刻做出回应，就会阻碍他表达的愿望。因此，我们可以深呼吸，

然后尽量说出自己的真实感受。

在面对孩子的时候，最好建立起

一种互动的关系，而不是仅仅做出回应。

可以使用肢体语言：将一只手放在孩子的肩膀上，给他一个吻，或者抱抱他。

这么说，听听孩子怎么说就可以了这样问题就解决了，他就不会再自怨自艾了。
啊，我安心多了，不那么有负罪感了。

事情并没有这么简单，其实我们还是要承担一小部分责任。

负责教育孩子的成年人（家长、老师，或一些活动中孩子接触到的成年人），在一天之中会无意间撒落话语的小珠子（我们对此甚至毫无察觉），孩子会将这些小珠子捡起来，串成一条项链，戴在脖子上，这样他就有了新的样貌。

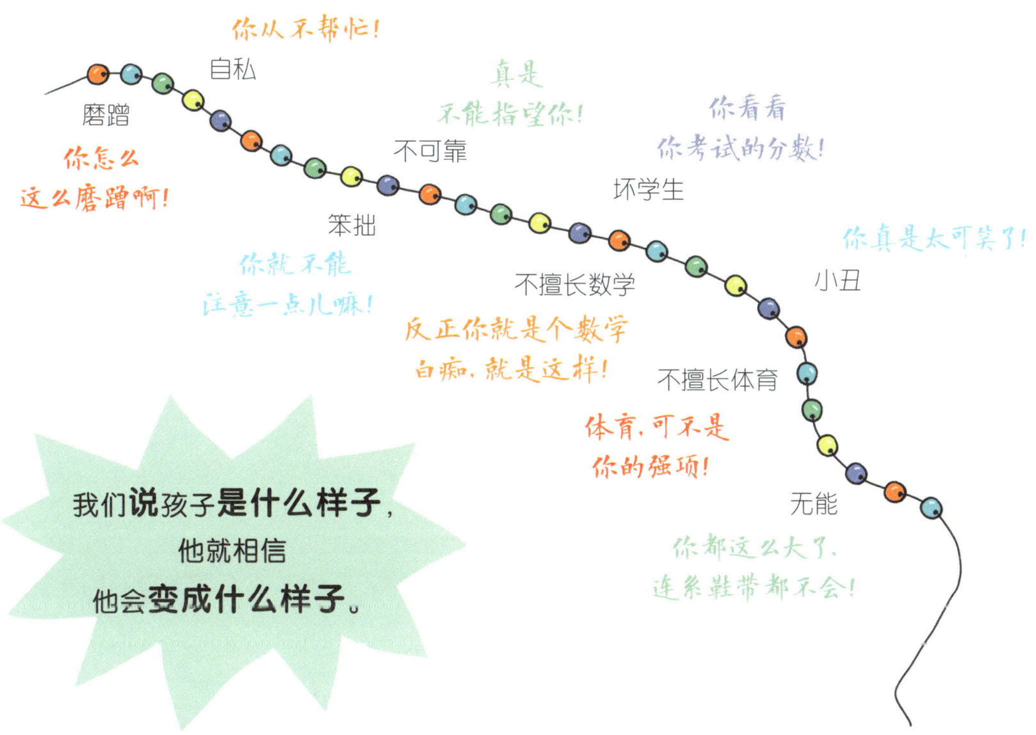

有些孩子可以将外界的批评置之不理，另外一些孩子则将批评听了进去。

即使我们没有贬低孩子，但是我们对他的苛求、表现出来的不安，也会让我们着重强调那些孩子做得不好的地方，忽略他做得好的地方。

所有这些都会使我们的做法偏离帮助孩子的初衷。

因此我们应该在日常生活中长期努力。

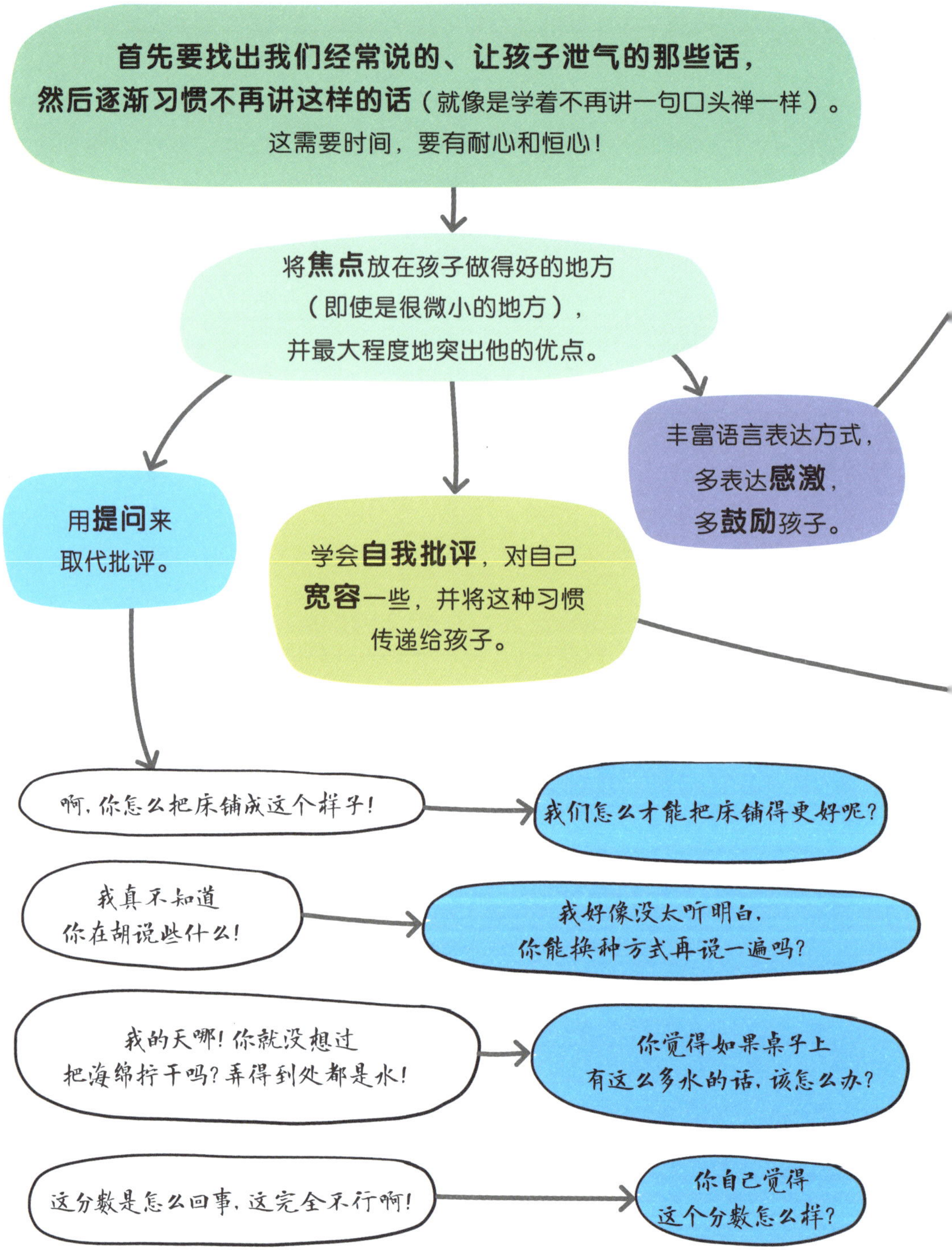

首先要找出我们经常说的、让孩子泄气的那些话，
然后逐渐习惯不再讲这样的话（就像是学着不再讲一句口头禅一样）。
这需要时间，要有耐心和恒心！

将**焦点**放在孩子做得好的地方
（即使是很微小的地方），
并最大程度地突出他的优点。

用**提问**来
取代批评。

学会**自我批评**，对自己
宽容一些，并将这种习惯
传递给孩子。

丰富语言表达方式，
多表达**感激**，
多**鼓励**孩子。

啊，你怎么把床铺成这个样子！ → 我们怎么才能把床铺得更好呢？

我真不知道
你在胡说些什么！ → 我好像没太听明白，
你能换种方式再说一遍吗？

我的天哪！你就没想过
把海绵拧干吗？弄得到处都是水！ → 你觉得如果桌子上
有这么多水的话，该怎么办？

这分数是怎么回事，这完全不行啊！ → 你自己觉得
这个分数怎么样？

谢谢宝贝给我帮忙……

你……妈妈非常感激！

这件事多难啊，但你成功地……

……真是一个好主意

宝贝，应该为自己感到骄傲，你……

你独自就完成了？

你……真的很贴心。

我都不知道该怎么选择了，
我又犯了一个错误……

我可以出错、有疑问、不完美。

我做不到！

我目前做不到！

我永远也做不到！

通过努力，将来我会做到的。

我在某方面就是白痴。

我怎么才能进步呢？

我放弃了！

我会一点一点进步的……

我一点儿记性也没有，
我英语很差，数学也很差……

我要用游戏和练习的方式
发挥大脑的潜能。

其他人比我强。

我可以和他们一样优秀，
我要以我喜欢的人为榜样。

我的办法太差了，不管用。

我要试试
其他办法。

我不聪明。

聪明有8种形式，我属于哪一种呢？

在学校他觉得自己一无是处

当孩子在学习上遇到困难的时候，
他很快就会觉得自己很笨，是坏学生，甚至会怀疑自己的智商，认为：
好成绩、老师正面的评语 = 聪明；差成绩、老师负面的评语 = 笨。

要想帮助孩子，我们可以……

1 寻找他学习困难的根源。

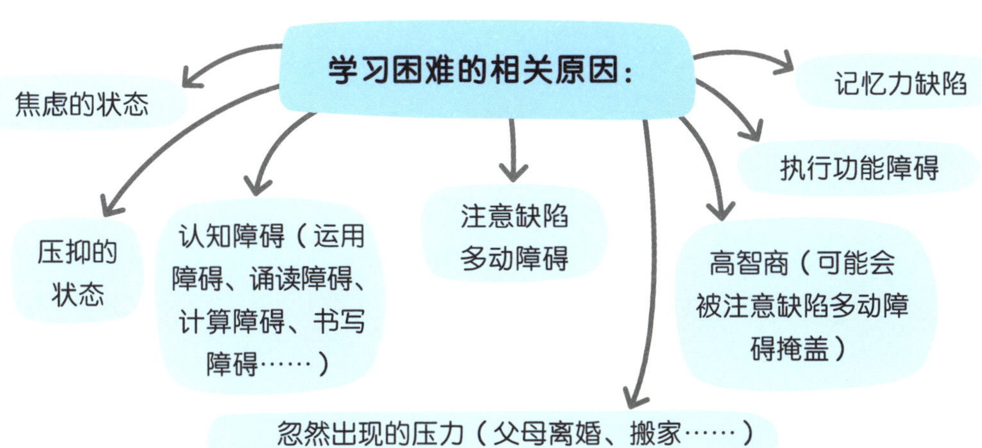

2 帮助他找到自己的智力类型，让他可以重新发挥自己的特长。

根据霍华德·加德纳的多元智力理论，我们的智力分为 8 种类型，其中一些智力类型较其他智力类型的发展更加完善。

但是在学校里，我们主要对两种智力类型进行评价。如果我们的孩子拥有的不是这两种智力，而是其他的智力，他在学校里的学习可能就会出现困难，并且会被认为是不聪明的孩子。

我们一起来看一下这些智力类型。

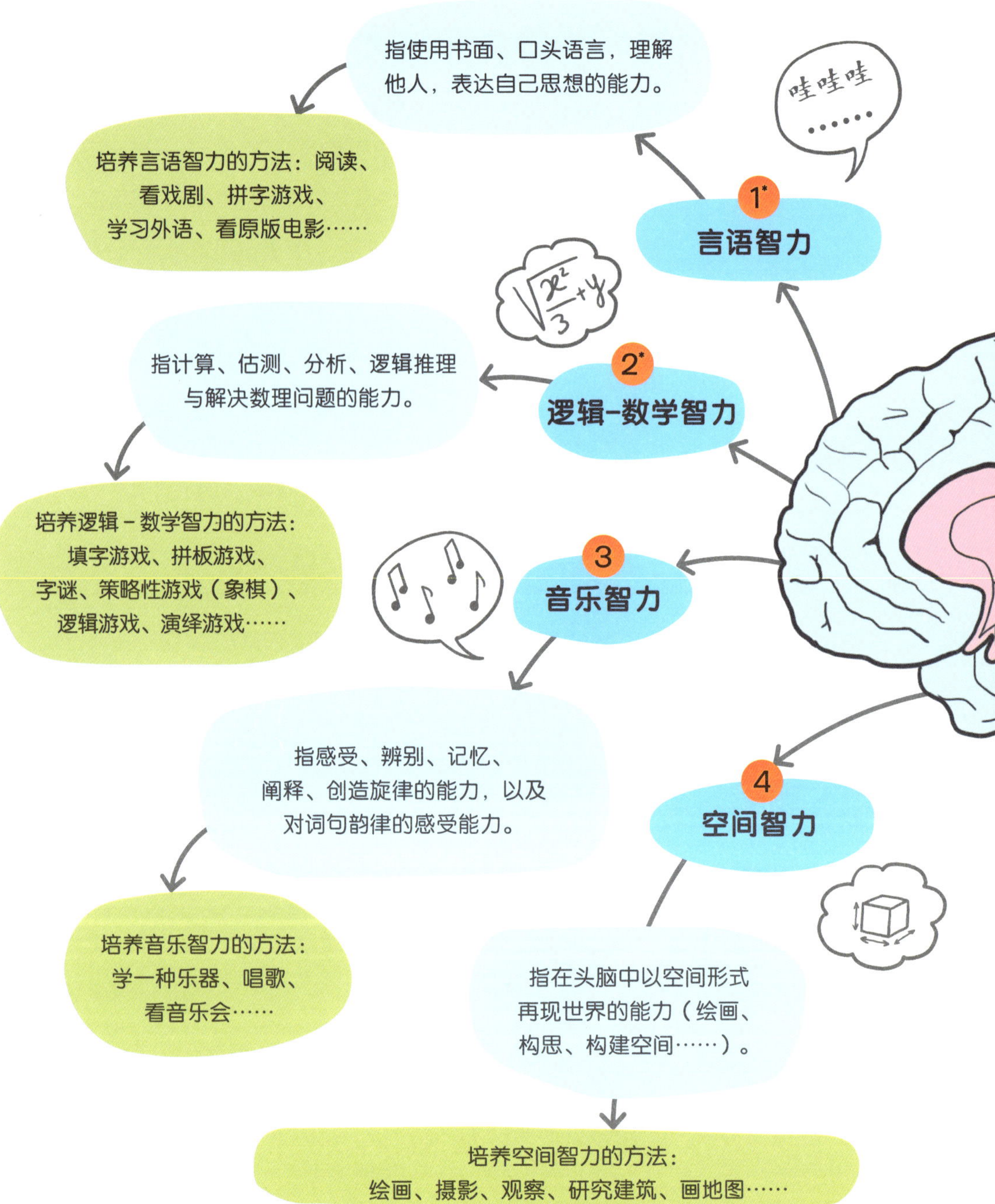

* 言语智力和逻辑-数学智力是在学校中最被重视的两种智力。

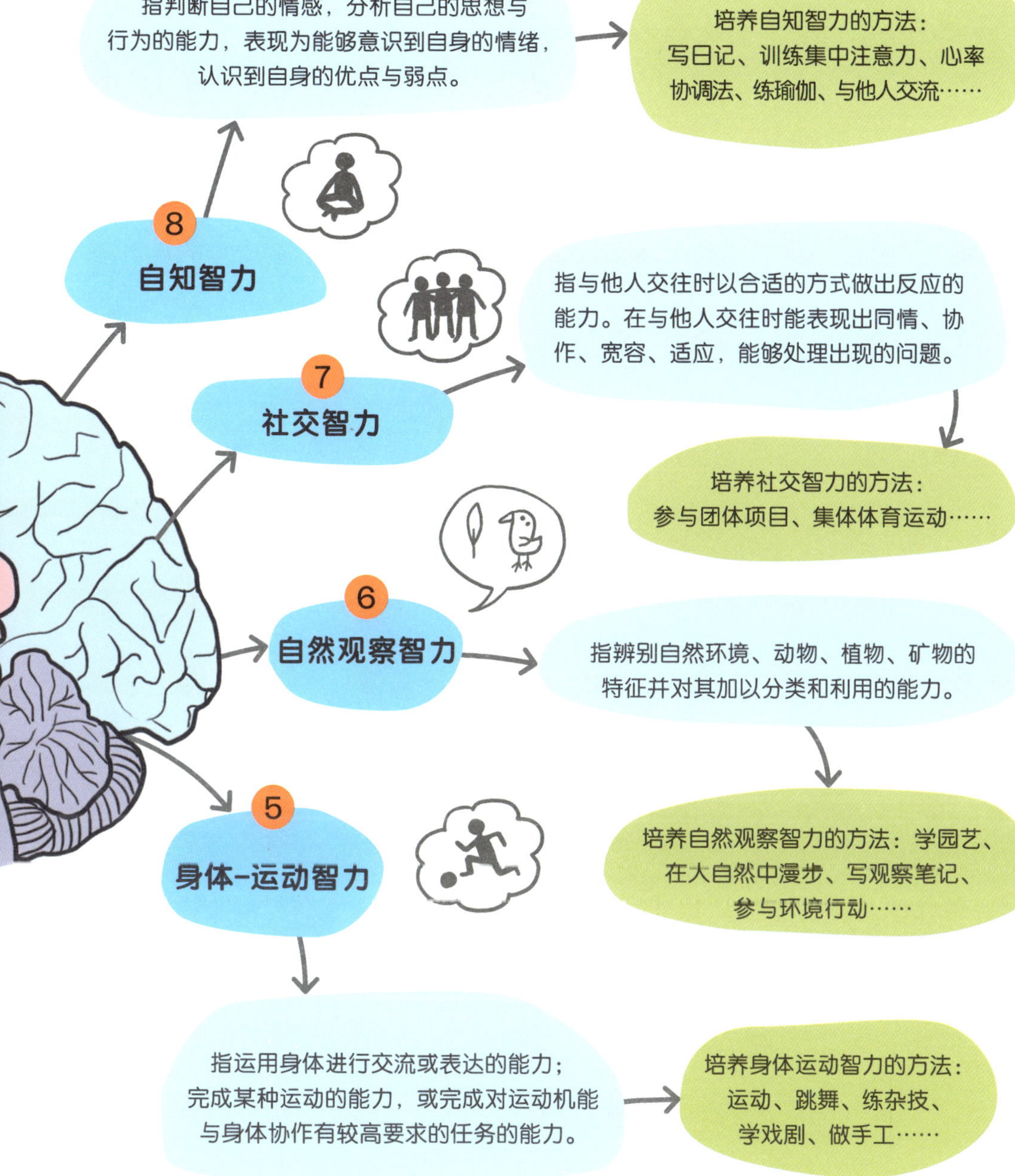

我们可以将这个示意图分享给孩子，以方便他找到自己的智力类型，从而对自己的能力重获信心。

他想一蹴而就

当孩子想一蹴而就的时候，这意味着，因为经验的缺乏，
他的头脑中还没有“循序渐进”的概念。

要让他明白，前进的路上必然包括失败、错误和探索……

1 接纳他的挫败感，让他释放情绪的泡沫。

让孩子讲出他的想法。

2 向他解释进步的过程。

3 让他明白不应该把具体事件一般化，而得出“我是笨蛋！”的结论。

他宁愿逃避
也不想承受失败

孩子可能给自己设定了很高的目标。

在他人的注视之下，他会变得畏首畏尾。他预见、想象别人会嘲讽、批评他。

而由于他不知道该如何应对它们（嘲讽、批评），他就宁愿逃避。

面对孩子的逃避行为，我们可以：

1 首先要**尊重他的感受**，通过**询问**，更好地**理解**他的感受，这样才能有的放矢。

2 和孩子**分享**我们和他一样年纪时的**个人经历。**

3 向他伸以援手，**鼓励他。**

在日常生活中，要想帮助孩子摆脱失败的恐惧，我们需要告诉他：犯错之后才会学习、进步。

我们可以把孩子所犯的**错误看成契机。**

1 让他自己**找到**犯错的**原因。**

2 让他自己**找到**纠正错误的**办法。**

3 帮助他**吸取教训。**

4 给孩子**做出榜样。**（承认我们所犯的错误，让他明白我们可以从中吸取教训，获得进步。）

他讨厌失败

面对孩子的这种行为，父母有时很难保持平静。我们应该一直陪伴在他身边，在他发脾气的时候，及时想办法让他平静下来。

试着去理解孩子无法接受失败这一现象背后隐藏的原因。

那么如何帮助孩子在学会接受失败的同时又懂得做一个尊重对手的赢家呢？

他闹情绪的时候，让他**尽情发泄**：他有感到沮丧的权利。

我明白……我们都很难接受失败……

在以后的日子中，要记得他的内心还不够强大，无法接受失败带来的情绪风暴，他需要我们的帮助，才能一点一点地战胜它。

培养孩子**在游戏中感受快乐的能力**，而不仅仅只是寻求胜利的结果。

无论是进行体育活动，还是玩室内游戏，都要**鼓励**孩子学习、进步。

哇，刚才你做得真好！

你是怎么做到的？快教教我！

你还记得去年夏天你玩得怎么样吗？

你看，同上次你和我们一起玩的时候相比，你进步了不少！

接受失败

做尊重对手的赢家

我们还要帮助孩子学会在获胜的时候，**不要用气势压人**，要让孩子知道在进行体育运动（网球、足球、柔道……）时，应该采取公平竞争的原则。

不要忘记**镜像神经元**的作用：当我们和孩子比赛的时候，他会观察我们失败或胜利时的表现，然后进行模仿。

太棒了！我们握一下手，好吗？

如果孩子的能力足够强，就向他推荐**需要协作的游戏**，这样可以让他明白和他人**共赢**要比与他人**敌对**更有趣。

他很消极

当孩子觉得自己一无是处的时候，他会对一切都感到兴味索然——即便是平时他喜欢的东西也不例外。他对自己、对他人、对周围的一切都打不起精神。

他的想法是："什么都不会顺利。"

面对这种僵化的思维，退缩、消极的行为，我们会觉得棘手。

办法就是让他重新动起来。

1 从不容置疑的事实出发，**鼓励**他，告诉他我们对他有信心。

那天你到达山顶后特别高兴，你还记得吗？

2 告诉他，他**需要**付出**努力**。

我同意，爬到山顶很不容易，这需要很大的毅力。

3 **想**几个**办法**来激励他，给他希望。

我把照相机借给你拍照，你来写一个报道，好不好？

我在山顶给你讲故事，肯定特别棒。

4 在孩子“摆臭脸”的时候，要**容忍**，等待他情绪好转。（这个过程比我们想象的要快、要容易。）

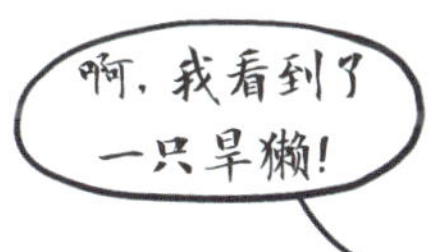

如果孩子在很多方面都表现出消极的态度，比如，他想要放弃一项活动，不想再见他的朋友，对很多事情都提不起兴趣，等等，那么要加强对他的鼓励（见本书第78～79页）。

如果鼓励还不够的话，可能需要请教专业人士来帮助孩子重拾热情。

他用撒谎的方式来摆脱自己的一无是处感

面对孩子的撒谎行为，父母会立刻觉得孩子是在针对我们，似乎孩子撒谎是对我们的侮辱，而实际上，很多时候孩子撒谎是因为他害怕自己让父母失望或者是害怕遭到父母的责备。

因此有必要了解一下孩子的心理逻辑。

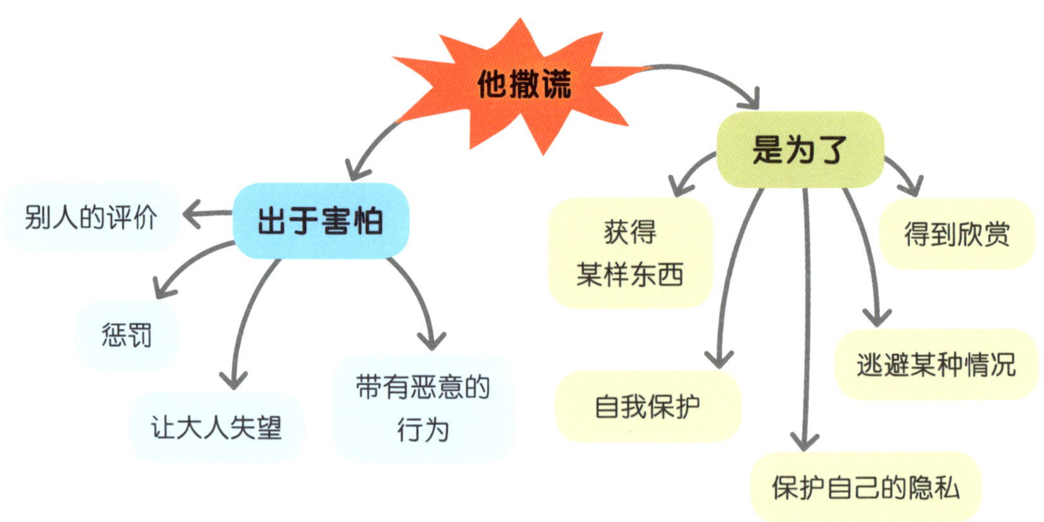

面对孩子的撒谎行为，在做出应对之前：

1 我们要先**面对**自己的**各种情绪**。

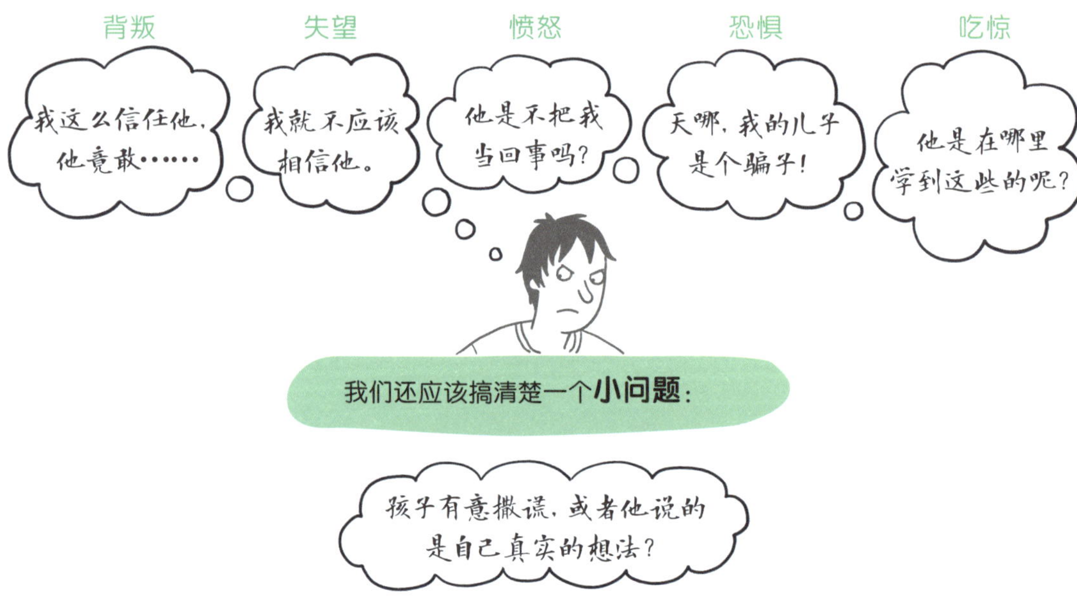

我们还应该搞清楚一个**小问题**：

孩子有意撒谎，或者他说的是自己真实的想法？

事实上，一些孩子可能是算计好了，通过扭曲事实来达到他们的目的，但是还有一些孩子是因为记性比较差（或者是选择性记忆），他们会讲述一个完全不同的故事，他们自己也信以为真……要想分辨这两种情况并不容易！

2 我们应该和孩子谈一谈，把谈话重点放在要解决的**问题**上，给他解释的机会。

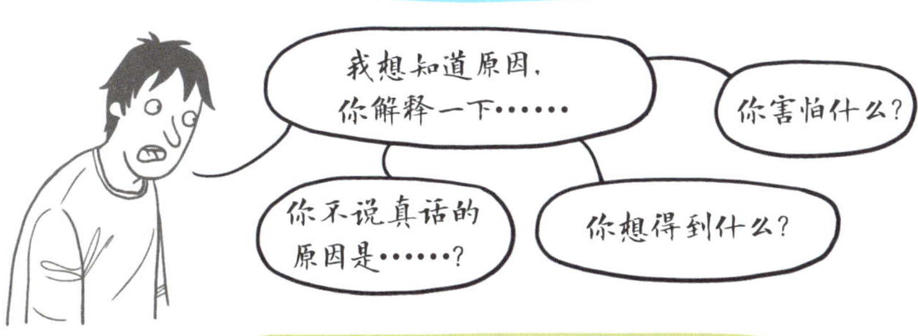

3 在交流的过程中尽量**避免误解**。

有些孩子对别人的评价非常敏感。他们的自尊心很强，内心脆弱，因此他们会混淆“我很傻”和“我做了一件傻事”。因此很重要的一点就是要告诉孩子，我们不喜欢他的行为，但是这不代表我们不喜欢他这个人。

宝贝，我们要说清楚啊，我不喜欢你撒谎，虽然我生气了，但是我依然爱你。

4 我们要集中精力**寻找解决办法**。

我们要慢慢学会不用惩罚孩子的方式来解决问题。我们惩罚孩子的次数越少，孩子就越敢于真实地面对自己和我们。

我们如何做才能避免再次发生这样的事情呢？

在做了一件蠢事之后，如何才能不撒谎呢？

不要把做了一件蠢事看得那么严重。

任何人都有可能打翻东西。

不要寻找过错方，要寻找对事情负责的人。

你可以承认是你做的！

用补救来代替惩罚。

来和我一起想想如何才能弄掉这个污渍。

他通过吹嘘来寻求心安

有时孩子做出这种高傲的样子，其实是因为他经常在与自己的自卑感做斗争。
而这种故作高傲的行为可能会惹恼周围的人，
他们会做出与他的期待完全相反的回应——贬低他。

这样他就落入了自己设置的陷阱，因为他无法得到他所期待的认可。

面对这样的行为，我们可以：

1 试着做出不同的回答。

2 不要把他和其他孩子做比较，比较自然就会有高低之分。

3 找到能够安抚、支持、鼓励孩子的方法。

4 突出他的优势，帮助他增强自尊心。

如果孩子得到了认可，他就不再自我吹嘘了！

早晨的会
开得怎么样？
嗯，其实……
我今天在学校
学了一首歌！

他总是喋喋不休

等等，我要
唱给你们听！
你没看见
我们正在说话吗？

你刚刚说什么？
嗯，开会的时候……
啊，啦啦啦
啦啦啦……
妈妈，
他真唱起歌了！

♪ 小鳄鱼…… ♪ ♫
你把别人都不当一回事吗？你是觉得这里只有你自己吗？
我的天哪，在我们家就没法安安静静地说会儿话！

孩子为什么会喋喋不休呢？

这是因为孩子想要在家庭生活中获得归属感，并做出自己的贡献。除此之外，孩子会做出这种不恰当的行为，还因为他欠缺一些能力，所以他无法安静地坐在自己的座位上。

这么说，他唱歌
是因为缺少这些能力？
我缺少什么？
你大脑
缺根弦儿！
嗯，缺少的能力
还挺多的。

每个孩子的问题都不尽相同。每个孩子都是与众不同的！

要想帮助我们的孩子获得他缺少的能力*，可以遵循下面的方法：

帮助他学会关注周围的环境

1 让他意识到周围还有其他人的存在。

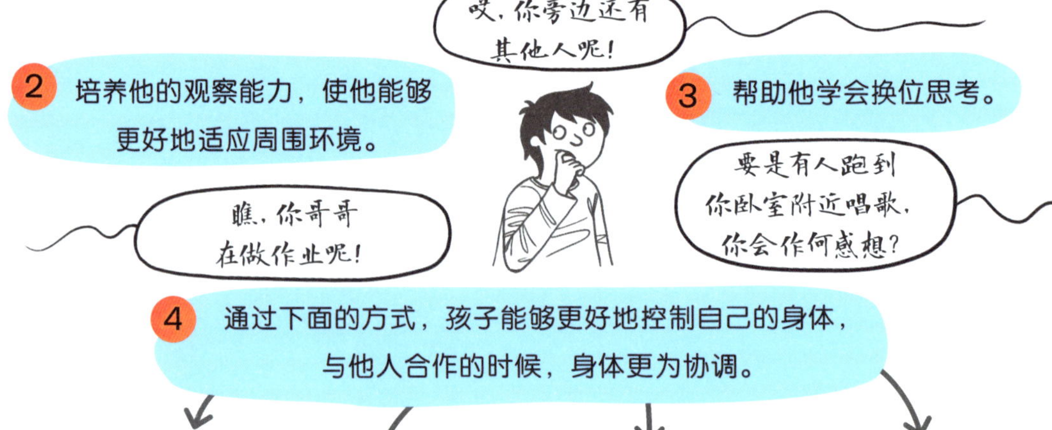

2 培养他的观察能力，使他能够更好地适应周围环境。

3 帮助他学会换位思考。

4 通过下面的方式，孩子能够更好地控制自己的身体，与他人合作的时候，身体更为协调。

- 集体运动（足球、篮球、橄榄球……）
- 按摩
- 动感游戏（扭扭乐、音乐椅、躲避球……）
- 放松肌肉

帮助他学会自我调节

告诉孩子如何在需要的时候适可而止，教会他如何从运动状态过渡到平静状态。

* 对于发育不正常的孩子（患自闭症谱系障碍、注意缺陷多动障碍、各种学习障碍……）来说，获得能力比其他孩子更为困难，教育的投入也不一定得到回报。我们可能会因此而感到气馁，但正因如此，我们才更需要保持良好的状态！

帮助他控制焦虑

父母可以去安慰他。

让他学会安慰自己。

在脑海中想象一个保护球。

引导他使用自己的方法（如借助毛绒玩具、轻音乐、最喜欢的姿势……）。

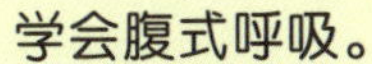

学会腹式呼吸。

教他学会耐心

告诉他要学会等待，等待总会有结果。父母要学会信守承诺，不能让孩子的等待落空。如果我们能够遵守给孩子的许诺，孩子也会学会耐心等待。

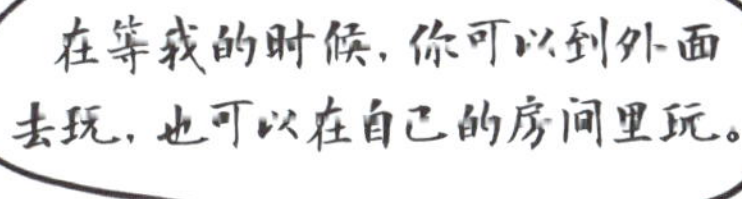

不要禁止孩子玩室内游戏，玩室内游戏是一个让孩子学会等待的好办法。

要想孩子不养成小霸王的坏习惯，我们的态度既要坚决，又要亲切。

为了孩子的健康发展，我们可能会关心他的饮食、作业、作息……
却会忽略他真正的需求，他需要感受到自己。

被倾听、理解 → **被支持、陪伴** → **被当作家庭的一分子，被赋予责任**

我们应清楚一个事实：我们不可能一直都有空闲，随叫随到，
我们必然会有自己的事情要考虑。但是，在一些关键时刻，我们应该将
注意力完全放在孩子身上，并通过下面的方式表现出来：

陪在他身边，积极地倾听

1 通过目光与孩子进行交流（直视孩子的眼睛）。

2 倾听孩子讲述时，不要加入个人的感情色彩——不要做评论，
也别给出意见——只需鼓励他继续讲下去。

重要提醒！ 积极地倾听与做一些认知负荷较轻的工作（熨衣服、择菜……）并不冲突。反之，
如果是认知负荷较重的工作（看电子邮件、回复短信等），就会影响倾听的效果。

从长期来看，需要进行规划：

找一些**特殊的时间段***和孩子一起去做一项他自己选择的活动。

提前明确规定好做某事的时间，这可以让孩子**克制**自己想要立刻得到满足的**欲望**。

妈妈，你和我一起玩乐高积木，好吗？

现在不行，不过我们不是约好了下午茶之后在一起嘛，我们可以那时再玩。

明确这个时间段开始和结束的时间。这可以让孩子渐渐地**形成时间概念**。

在这个特殊的时间段内，父母要注意：

让孩子成为游戏的主角，以**培养他的领导能力**。

你来扮演坏人，我来扮演好人！

好的，你是老大！

那么我扮演什么样的坏人呢？

将自己设置为“免打扰模式”（关闭手机、不要受其他人干扰……），以此来培养孩子**保持全神贯注**的习惯。

全家人的交流时间：

定期组织家庭聚会，让家庭成员进行交流，解决家庭问题，商量全家人一起要从事的活动，这样可以形成更好的家庭氛围。

在相互交流的氛围中，孩子会有一种归属感，觉得自己为家庭做出了自己的贡献，从而会逐渐找到自己正确的位置。

* 简·尼尔森在《正面管教》一书中对“特殊的时间段”进行了详细的论述。

他通过唱反调来引起父母的注意

孩子通过与我们唱反调，很轻松地就挑战了我们的权威。
我们应该采取的策略就是不要妥协！

孩子并不懂得讲究策略，他只是一味地突出自己的个性，
根本不去考虑由此产生的后果，因此他可能会挑战我们的底线。

孩子和我们唱反调，可能有以下几种原因和表现：

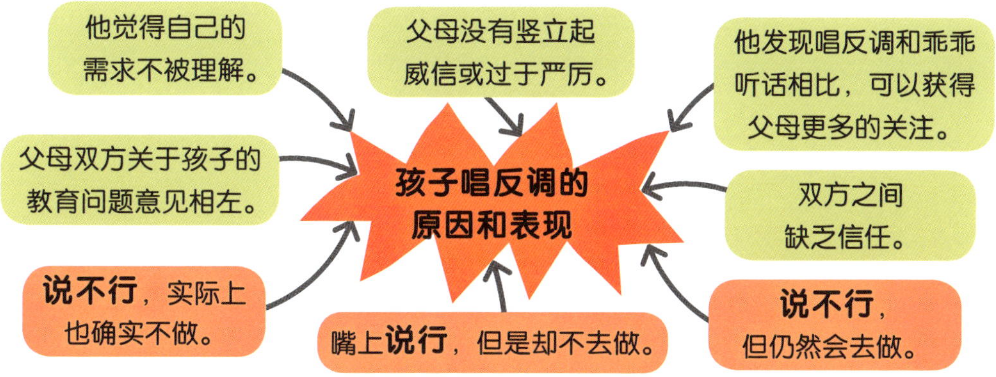

孩子唱反调的原因和表现

他觉得自己的需求不被理解。

父母没有竖立起威信或过于严厉。

他发现唱反调和乖乖听话相比，可以获得父母更多的关注。

父母双方关于孩子的教育问题意见相左。

双方之间缺乏信任。

说不行，实际上也确实不做。

嘴上**说行**，但是却不去做。

说不行，但仍然会去做。

如果亲子关系变成了力量博弈，虽然会让乖巧的孩子顺从，但这却不是一种理想的关系。对于那些特别敏感、对外界刺激反应强烈的孩子来说，这种关系是毁灭性的。因此父母最好另辟蹊径。

1 停止与孩子对峙，让双方都冷静下来。

重新用“上层脑”进行思考。

走出房间。

深呼吸。

用幽默或故意转换话题的方式缓解紧张氛围。

做一个停止的手势。

2 学会感同身受。

让孩子觉得，尽管他和父母有分歧，但是父母能理解自己的需求。

3 让孩子承担起自己的责任。

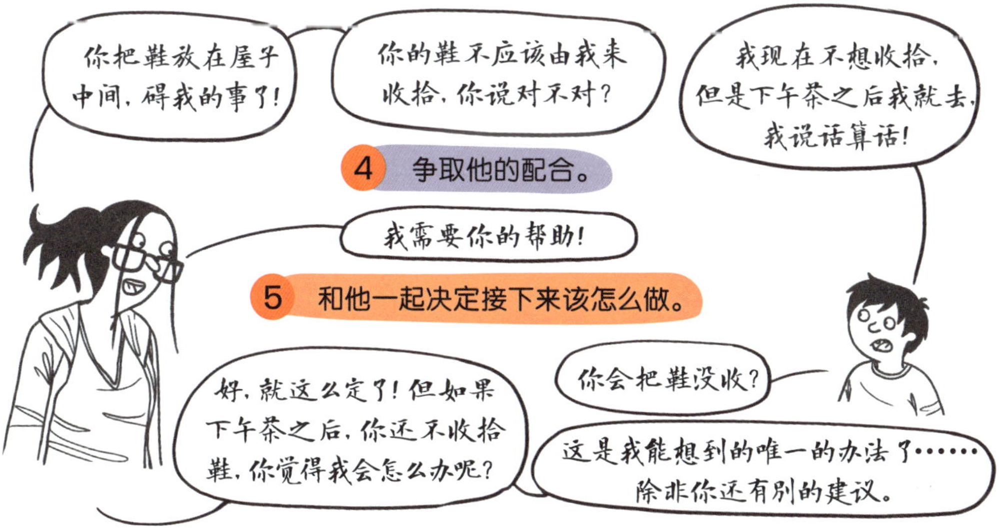

4 争取他的配合。

5 和他一起决定接下来该怎么做。

他挑衅、顶嘴、无礼

孩子的无礼真是让人头疼，但同时这也是对父母的提醒：
在孩子的教育方面，我们还有许多工作要做。

不要把注意力都集中在孩子所说的话上面，而是去思索一下产生这种态度的原因。

孩子的成长需要父母的限制与规范，如果孩子通过无礼，甚至是粗鲁的方式来挑战这些规范，可能是因为：

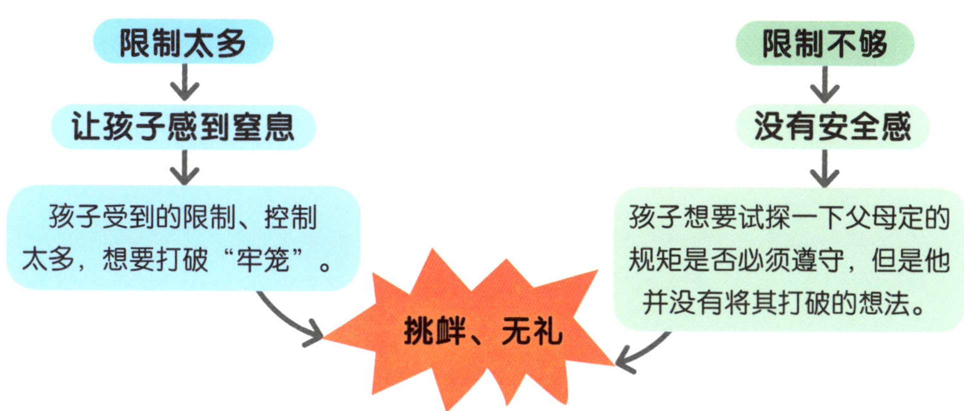

短期内，我们在面临孩子这样的行为时，会做出自然的反应：

然而，我们应做出一份长期计划，来改善亲子关系，以避免孩子再次做出过分的行为，我们可以问问自己下面的问题：

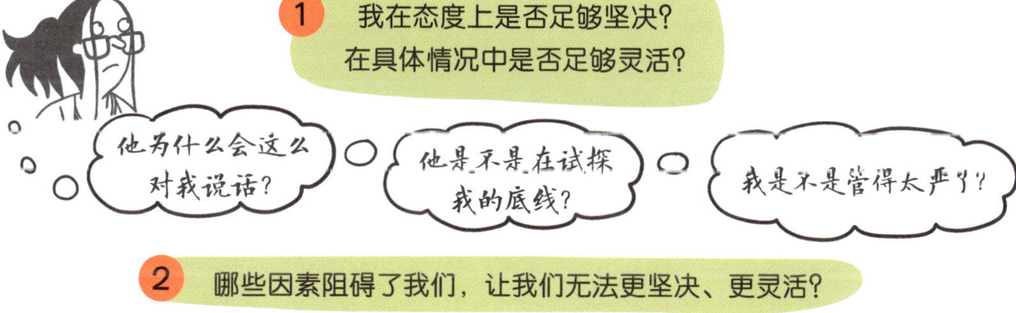

2 哪些因素阻碍了我们，让我们无法更坚决、更灵活？

不想看到孩子长大？

害怕冲突？

缺乏自尊？

担心失控？

3 如何才能变得更坚决、更灵活？

提升自我。

依靠夫妻之间的优势互补。

寻求专业的家长指导。

他制造噪音

当孩子制造出的各种噪音充斥了整个房间的时候，

我们会觉得自己没有受到尊重，这很正常。

当“闭上嘴”“你把我耳朵都吵聋了”这样的话对孩子不起作用的时候，我们应该怎么办呢？

1 用**肢体语言**，让孩子平静下来，使他**重新回到现实**中。

2 在这种情况下，也可以让他走出房间或离开餐桌，到外面去**释放过剩的精力**。

我知道你特别喜欢玩这个乐器，你可以继续玩，但是到你自己房间去，把房门关上玩，或者到外面去玩，好吗？

3 请他**调整方式**：降低说话的语调，弹奏节奏舒缓的乐曲……

你和我们说话的时候，尽可能声音低一点儿，而且别弹吉他，好吗？

你能给我们弹奏一首节奏舒缓的曲子吗？

4 **忽视他制造噪音的行为，将注意力转移到他的身上。**

这是一种随机应变的方法，目的是告诉孩子，他无须制造噪音，就可以获得我们的关注。

他不给别人说话的机会

如果孩子在我们谈话时插话，打断我们的话，或是滔滔不绝，不给别人说话的机会，其实他是在告诉我们他需要我们的关注，他的这些行为是一种不受控制的自发反应。

若我们感到疲惫，像被掏空了一样，忍耐达到了极限……此时该如何做才好呢？

除了说“闭嘴，你没看见我正在说话吗？”，我们还能采取什么应对办法呢？如何让孩子学会等待？

如果他打断我们，是因为害怕忘记自己要说的话，我们可以承诺帮助他回忆，让他安心。

放心，我帮你记着你要说的话，等我们说完话，就谈论你的问题，好吗？

如果他还是不断地打扰我们，坚持马上就要说话，我们可以帮助他学会计时。

把我的表拿去，你来监督我，我们5分钟之后就可以结束了。

看着这个沙漏，沙子1分钟之后会漏完，那时你就可以说话了。

我把计时器设置为5分钟，计时器响了我们就听你说话。

如果他打断我们，是因为他感到不耐烦：

我们可以和他一起寻找控制冲动的办法，使他重新平静下来。

让他使用心率协调法来恢复平静。

当我感到不耐烦的时候，我会捏起我的大拇指和食指。

数到5我吸一口气，再数到5我呼一口气。

如果他和其他人在一起的时候，找不到自己说话的机会……

在吃饭的时候，可以让每个人轮流说话，这样每个孩子都有说话的机会。

让他的兄弟姐妹一起来鼓励他，不要批评他、排斥他。

总是不断地对孩子重复同样的话，很浪费时间

不断地重复同样的话，会耗费我们很多时间和精力，最后会变成一种下意识的行为（只是不断地重复）！

那么该如何摆脱这种困境，
把时间高效地用在自己和其他家庭成员身上呢？

这种孩子需要我们的信任，对是否得到关注十分敏感，
因此我们应该让他们逐渐养成自律的习惯。
他们清楚——比我们以为的要清楚得多——自己应该做什么！

1 和孩子一起制定一个规律的**时间表**。

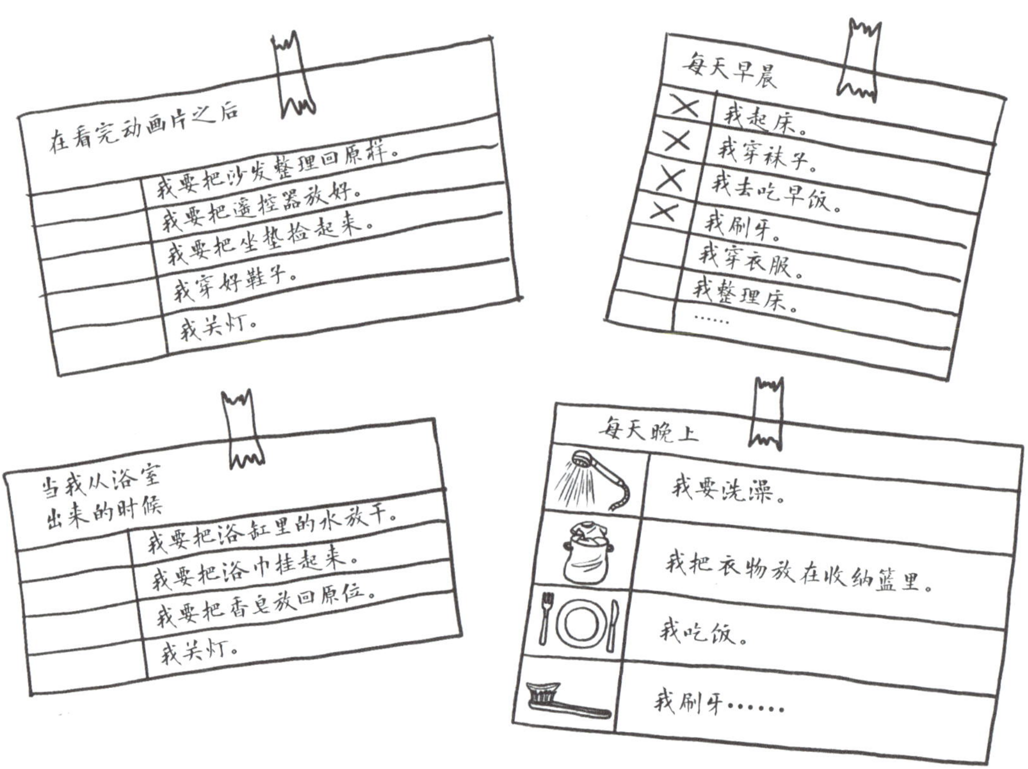

要确保孩子明白每项条款里的内容，比如“我要把沙发整理回原样”，
这句话是什么意思，应该怎么做？

我们要接受一个事实：教育孩子是一个漫长的过程，
即使用了上面的方法，也不能一蹴而就。

2 用提问的方式和孩子交流，不要用命令的口吻。

3 使用单个词或简单的口头提示。

4 态度要坚决，同时鼓励孩子。

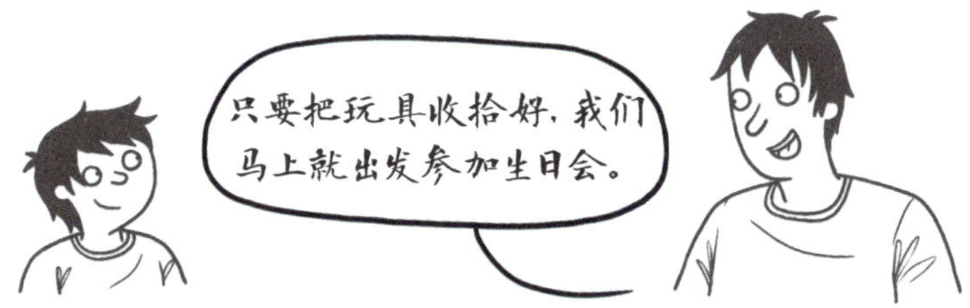

他吵醒了全家人

当“拿本书看，耐心等待”这样的话对孩子不起作用的时候，
当我们已经尝试了很多办法但都无济于事的时候，
如果我们想要多睡一会儿，还能用什么办法呢？

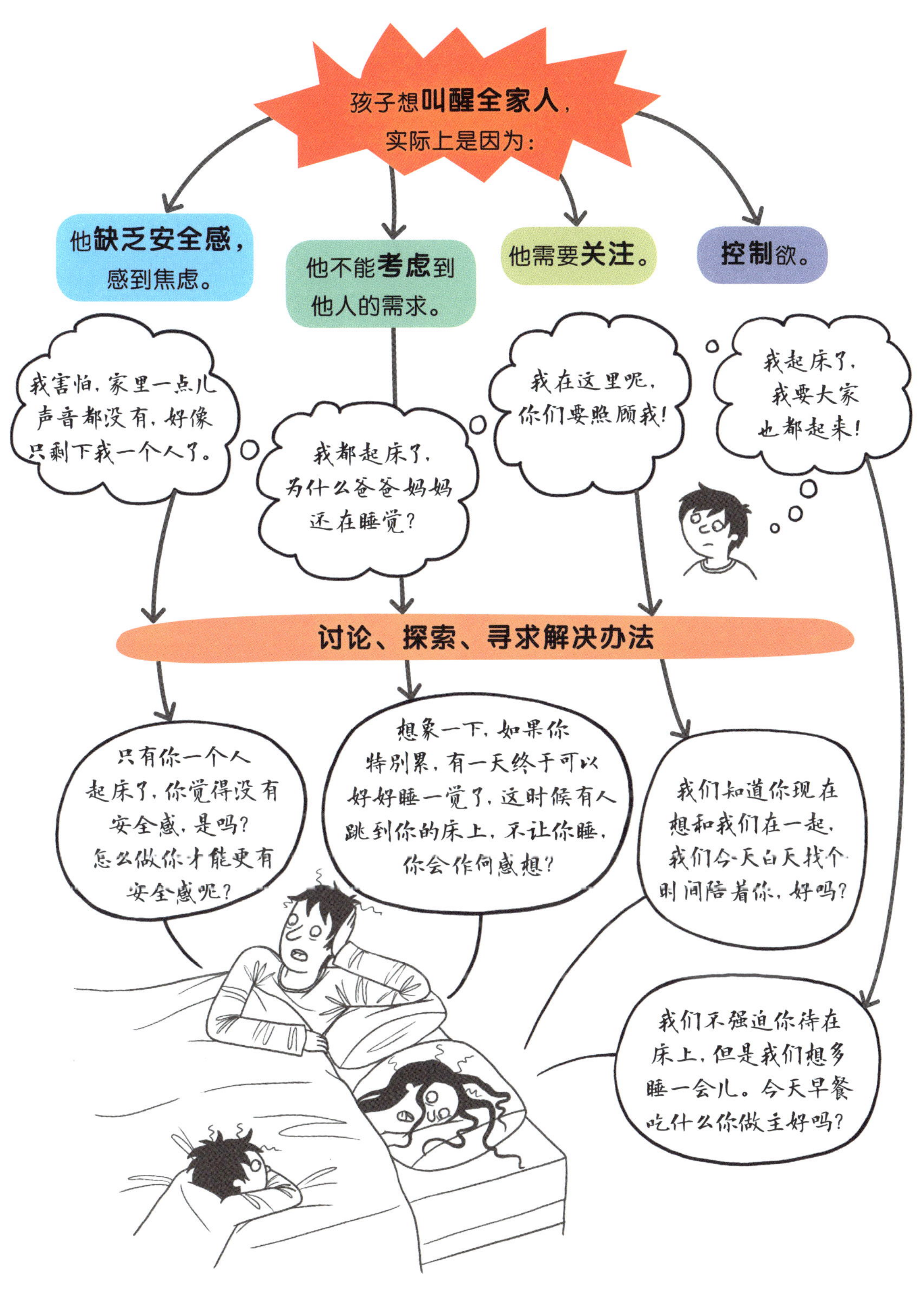
孩子想叫醒全家人，
实际上是因为：
他缺乏安全感，
感到焦虑。
他不能考虑到
他人的需求。
他需要关注。
控制欲。
我害怕，家里一点儿
声音都没有，好像
只剩下我一个人了。
我都起床了，
为什么爸爸妈妈
还在睡觉？
我在这里呢，
你们要照顾我！
我起床了，
我要大家
也都起来！
讨论、探索、寻求解决办法
只有你一个人
起床了，你觉得没有
安全感，是吗？
怎么做你才能更有
安全感呢？
想象一下，如果你
特别累，有一天终于可以
好好睡一觉了，这时候有人
跳到你的床上，不让你睡，
你会作何感想？
我们知道你现在
想和我们在一起，
我们今天白天找个
时间陪着你，好吗？
我们不强迫你待在
床上，但是我们想多
睡一会儿。今天早餐
吃什么你做主好吗？

他总去烦他的兄弟姐妹

哪位父母没经历过上面的场景呢？

面对孩子的争执，我们觉得自己要扮演法官或者裁判的角色，
很自然地想要站在其中一个孩子一边，但这是一个误区！

如果孩子之间的争执让家庭氛围变得一团糟，让所有人的神经都紧张起来，我们首先要将这件事看成一个契机，**它有三个益处**：

1 有接触，就会有摩擦！

权利之争　报复　算旧账　自卑

骄傲　在兄弟姐妹之中所处的位置　竞争……

无论产生争执的原因是什么，起了争执的孩子

彼此都是联系的。

争吵总好过冷漠，没有争吵的家庭才可能会有问题！

2 争吵能够**培养**孩子的**生活能力**，比如：

辩论的能力　面对挫折的能力　寻找解决办法的能力

协商的能力　耐心等待的能力　懂得与他人分享的能力……

3 每一次争吵都是孩子**进步的机会**，可以让他学会如何与他人交流。而我们的帮助则会让他取得更大的进步！

由于上述原因，有些争吵可以放任不管，但有些争吵则需要我们的介入。而夫妻二人的介入尺度可以有所不同。

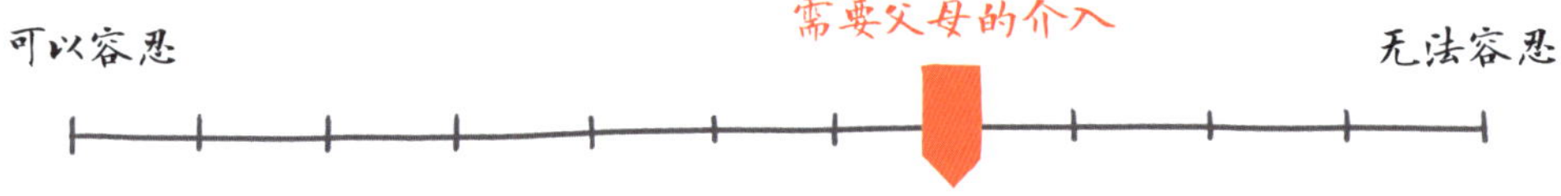

决定这个尺度的因素有很多：我们的教育水平、价值观、情绪等。我们一起来看几种方法，以便找到更公平、合理的应对方法。

如果只是**很轻微的争吵**：

1 任由孩子去吵，无须理会。

一旦他们的争吵变得没有任何积极意义，立刻将他们分开。

2 让他们知道，我们已经注意到他们了。

孩子 80% 的争吵都是为了吸引父母的关注——责备也是一种关注。

3 告诉孩子，我们对他们有信心，
相信他们可以自己找到平息争执的办法。

4 我们要刻意地 **不介入** 其中！
（一定要忍住不去插嘴，也可以离开房间避开他们。）

如果我们代替孩子来彻底地解决问题，
那么孩子就不会在争吵中学到任何东西。

但是，如果孩子的争吵开始**升级**，并出现身体或语言暴力，或者我们发现一个孩子真的在欺负另一个孩子，这时候我们就要**介入**了，介入的时候我们应该注意下面几点：

1 我们要以**调停者**或**调解人**的身份介入。

如果我们把自己当作法官或者裁判，那么永远也不可能做到公正。
我们怎么可能知道到底是谁先挑起事端的？
我们能知道世界上是先有母鸡还是先有鸡蛋吗？

因此在只看到冰山一角的情况下，
我们还是把自己的角色定位为调停者或调解人吧！

2 **不要偏袒**任何一方，平等对待两个孩子。

为了避免偏袒其中一方，我们可以将孩子向我们讲述的话重新组织一遍，以事实为根据进行判断。

3 不要把孩子的行为和他的人品联系在一起。

避免以责备的口吻说“你……”这样的话。

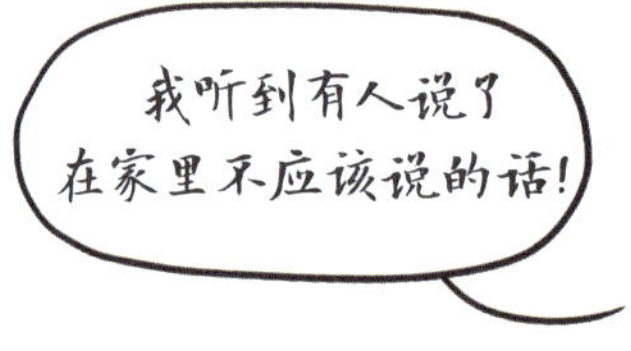

4 将他们**分开**，等他们恢复平静之后再交流。

5 如果他们当时还可以保持冷静，或者在他们恢复冷静之后，建议他们立刻**交流**一下，听一听对方的想法和感受。

6 让他们商量如何平息这次争吵，还可以找一个一劳永逸的办法，避免以后再发生类似的事情。

我们要弄清楚一件事，那就是我们在孩子的争吵中所展现的态度对孩子将来的行为会产生一定的影响。

因此如果当时我们的应对方法出现了“偏差”，可以在恢复冷静之后，通过向孩子道歉的方式及时纠正我们不恰当的行为或带有暴力的话语。

唉，这个学校也没有多好，
还是没有人和我玩。

他不会与人交往

哎呀，我的天哪！
你自己也努力一下嘛！
主动去和其他人玩
也没有什么难的啊！

其实，主动去找别人挺难的！

向人示好，并与人保持良好的关系是

人类所有行为中最美妙、最复杂的事情！

其实，这件事没有我们以为的那么简单，

特别是对那些不擅长社交的孩子来说，就更复杂了。

我们看一下，对于不擅长社交的孩子来说，导致他与别人交流障碍的因素有哪些。

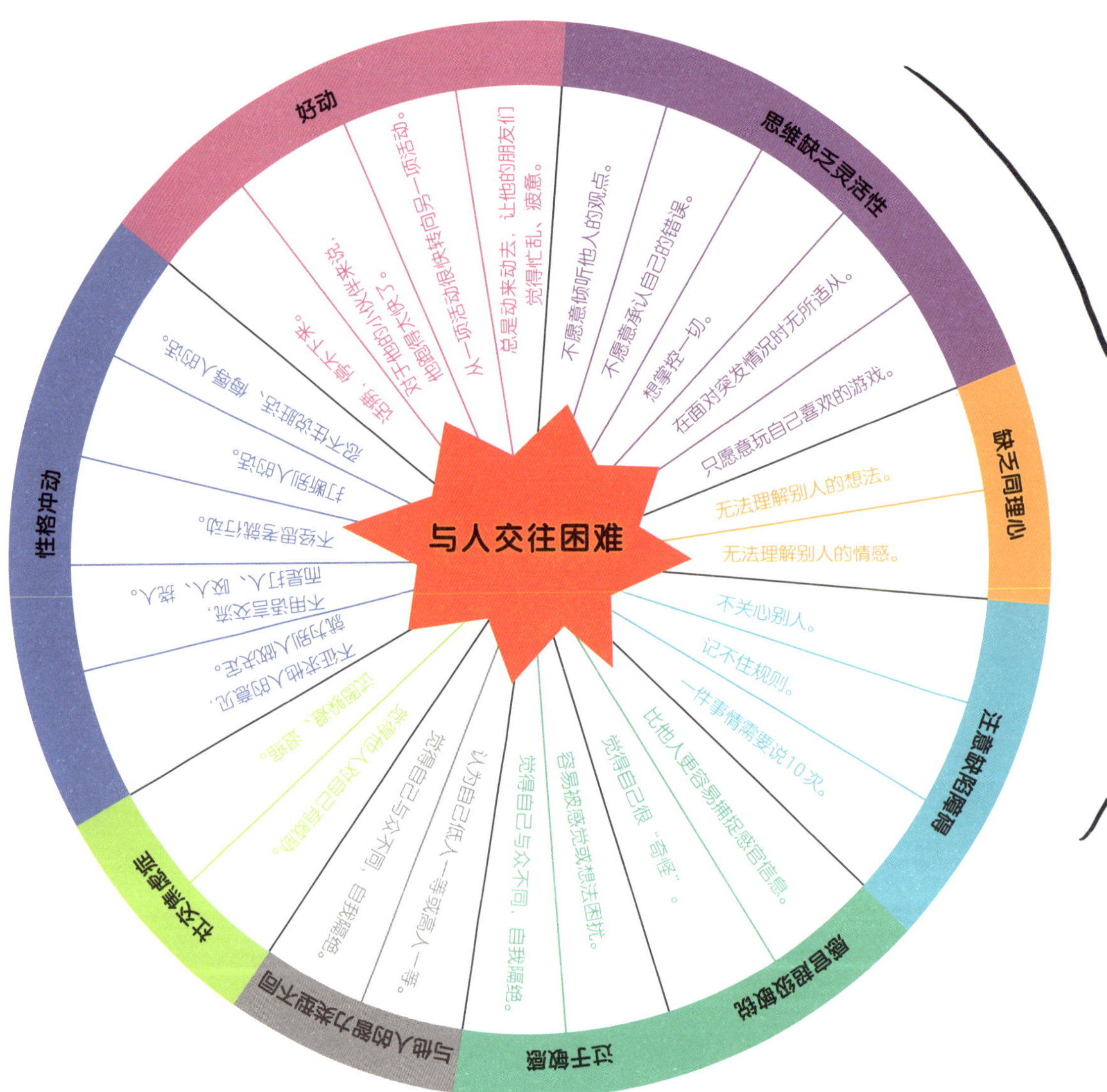

上面图示中描述的问题（这里的描述并不完整），在孩子身上存在的越多，他与他人的关系就越复杂。而孩子与他人的关系对他的自我评价起着至关重要的作用。

我们一起来看一个孩子的具体表现：

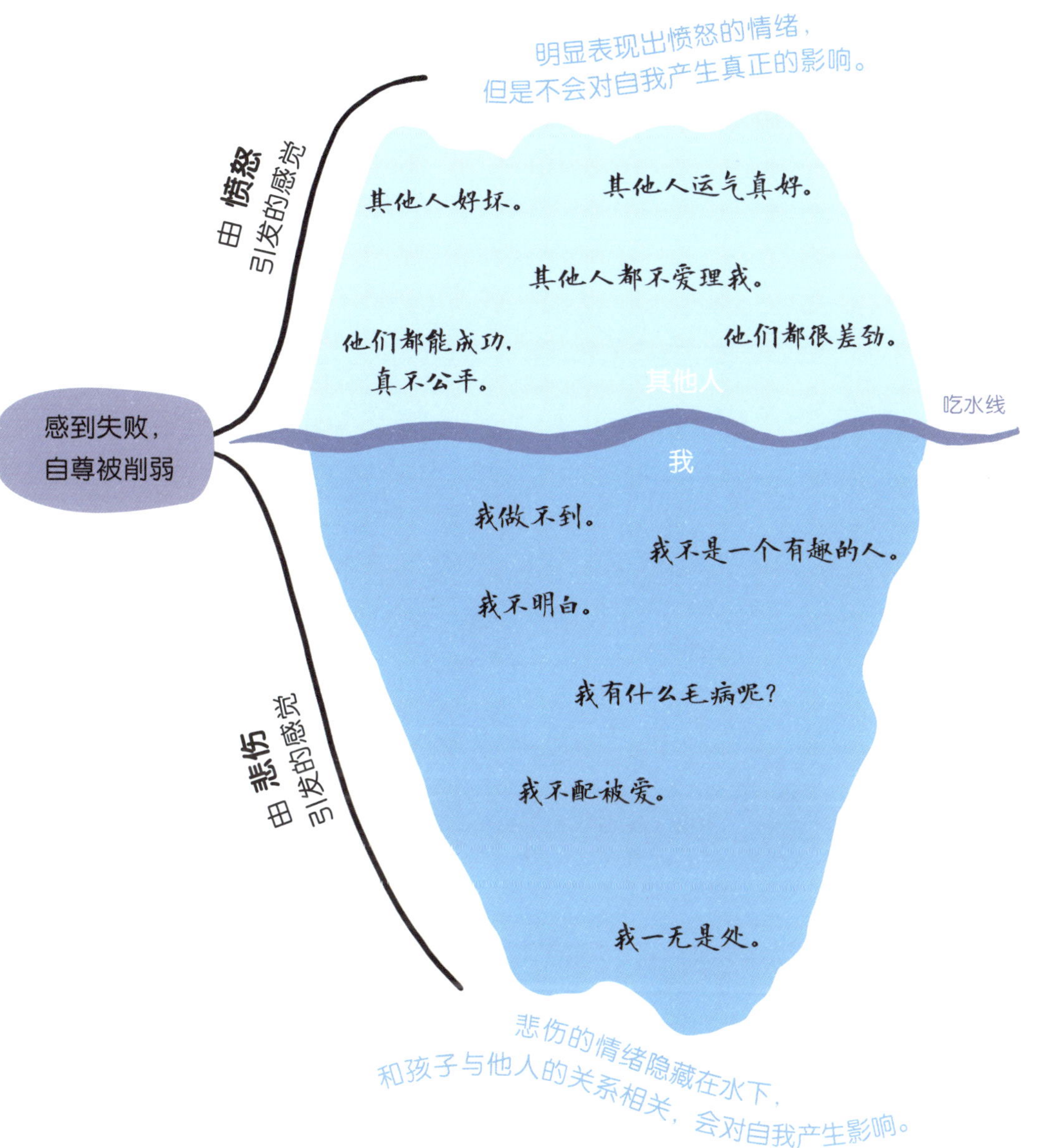

家长经常会看到冰山上面的那一部分，我们无意中甚至会刺激他的这种想法，

“其他人……”，而我们却忘记了隐藏在水下的部分——

也是隐藏最深、最令孩子痛苦的那一部分——才是我们真正应该关注的。

哎呀，你又讲了一个
关于冰山的故事？
那要是我不想让他沉到
水下，该怎么做呢？
咕噜

要想帮助孩子停留在正常的自尊水平，
我们一定要依托他自己的力量、天赋和经验，
从现实情况出发，鼓励他，
培养他目前还不具备的能力，建立起对他有益的人际关系。

我们的孩子就像一个“多面球”，我们要把球的每个面都看到，然后找到障碍。

如果他有**社交焦虑症***

寻找一切办法，让他在和人交往时，能够平静下来，
控制自己的感情，不过分警惕。

可以使用身心疗法来帮助孩子控制焦虑。

邀请一位朋友到家里来，教他与人互动。

鼓励他主动去和别人交往，必要时允许他躲回自己的舒适区。

引导孩子减少花在电子屏上的时间，把更多的时间用于现实中的社交。

如果他**冲动**或**缺乏抑制力**

使用各种方法，帮助他学会耐心等待，
在有他人在场、与他人互动时学会自我调节。

用角色互换的方式，向他展示该如何做，比如由他来扮演打断别人谈话的那个角色。

和他一同制作一个“主意箱”，里面写上能够帮助他耐心等待的办法：用身体跳跃的方式来克制冲动；如果担心忘词，就把话写在一张纸条上。

向他演示如何组织大家轮番发言（在餐桌上、在玩室内游戏的时候、在车里），直到他自己也学会这么做。

让他每天做心率协调训练（可利用网络上的视频、智能手机上的应用软件），这样他可以学会更好地控制自己的冲动。

* 社交焦虑症经常伴随着注意缺陷障碍或高智商。

如果他**好动**

使用各种办法，教他根据不同的情况、面对不同的人群，以不同的方式释放自己的能量，调整自己的节奏。

通过做瑜伽、冥想和呼吸法（心率协调法）从内部感受自己的身体力量。

让孩子参加一些锻炼专注力的课程，或在专业医生的指导下尝试一下维托法*。

减少糖分与工业化食品的摄入。

做各种类型的体育运动。

让他将自己想象成一辆要刹车的一级方程式赛车。

如果他的思维**缺乏灵活性**

想各种办法，教他如何面对与他人相处时出现的意外情况，学会接受他人的观点，接受他人与自己的差异，使他在生理与心理上同时具有灵活性（生理与心理是相关联的）。

通过表演戏剧、玩即兴游戏，让孩子学会应对与他人相处时出现的意外情况，培养自己的创造性。

通过玩室内游戏来进行锻炼：画图猜词、“时间到”游戏、下象棋……

通过体育运动进行锻炼。运动可以让身体动起来，锻炼身体的灵活性，从而可以使孩子适应突发状况。可以练习武术、卡波耶拉舞、双人舞……

如果他**缺乏同理心**

想各种办法，帮助他去“感受”“理解”他人，并让他领悟到他人与自己是不同的存在。

和他一起观看情感电影，并交流观影感受，借此来帮助他提高理解他人的能力。

给他读情感类故事，并将故事与现实联系起来。

在日常家庭生活中，说出家人表现出的情绪的名称。

* 维托法是由瑞士医生罗杰·维托茨于20世纪发明的方法。人的大脑有两个基本功能：接收和发散。维托法则是通过一些实践练习，来恢复这两种基本功能的平衡。

如果他有**注意缺陷障碍**

想各种办法，帮助他在与他人交流时，将注意力集中在对方身上。

当孩子讲述自己与他人交往的经历时，我们要认真倾听，向他提问题，帮助他组织语句，使讲述变得更易懂，这样做会为他树立起榜样，让他学会集中注意力。

要确认一下，在情绪的影响下，他是否“忘记”了一些对了解事实非常重要的细节。

和他一起回顾一遍他讲述的事情，看他是否有所遗漏。

告诉他哪些经验在以后遇见类似事件时会有帮助。

如果他**过于敏感**

想办法，让他对来自外界的情感冲击进行过滤，从而进行自我保护。

给他展示人类眼球的图片，告诉他眼球可以对外部摄入的光线的强度进行调节，同理，他也可以对来自外界的情感冲击的强度进行自我调节。

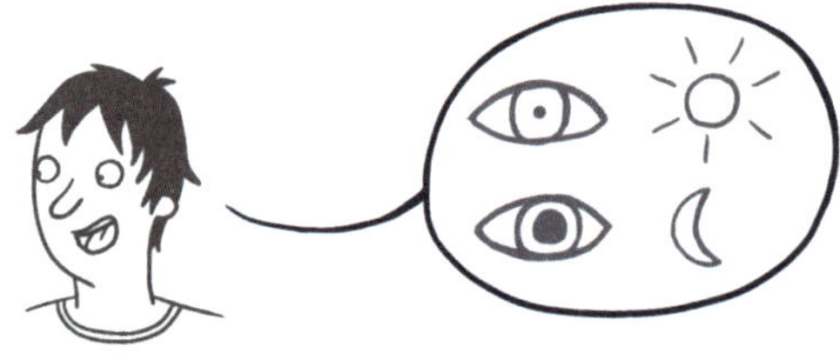

让他想象有一个能够阻止他人情绪入侵的保护球。

让他做一些练习，如武术、瑜伽、冥想、气功、心率协调……来更好地控制情绪。

如果他的某些**感官超级敏锐**

想各种办法，帮助他接受自己特殊的感官，让自己和他人都渐渐习惯这一特点。接受是克服障碍最重要的一步。

和他玩各种类型的应用感官的游戏：记忆游戏、动力沙*、盲测等。

建议他做一些可以增强五种感官感受力的活动，比如使用触摸屏、制作模型、沙子游戏、做糕点。

如果他是**高智商**或与他人的**智力类型**不同

告诉他这种特殊的智力类型会对他与同学的关系产生怎样的影响，并让他知道尽管他与同学存在着差异，他还是可以通过一些方法和他们保持良好的关系。如果他喜欢听大人给他解释一些事情，我们可以和他谈谈下面的话题：

他是发散性的思维方式，与大多数人不同。

他很轻松就可以学会很多东西，会引起他人的嫉妒。

他对公正很敏感。

他性格偏执，经常打断他人。

他超于常人的理性与感性，让他觉得自己和他人有距离感。

由于思考过多，他的精神处于饱和状态，这使他与别人的交往变得更加复杂。

不要忘记：陪伴孩子并让他们锻炼这些能力是一项长期的工作。在孩子的成长过程中，我们所做的很多努力，要很久以后才能看到成效。还要记住：男孩儿的新皮质发育比女孩儿晚两年。而有注意缺陷多动障碍的孩子，与一般孩子相比，新皮质的发育要晚三年。

* 动力沙是一种儿童益智玩具，具有不粘手、塑性效果好等特点。

他一个朋友都没有

如果我们的孩子现在没有朋友，那不证明他将来也没有。

我们可以培养他的社交智力（见第82～83页）。

首先我们要清楚一件事：
我们对待社交的态度对孩子的社交智力发展起着关键作用。
我们在日常生活中越注重社交，对孩子社交智力的发展就越有帮助。
因此，为了帮助孩子交朋友，我们应：

1 放学后，**和其他孩子的家长保持联系。**

2 试着从不同的角度**理解问题。**

倾听孩子的讲述，不要先入为主，也不要评论他的同学是对是错。

和他的老师以及在其他情况下有机会接触孩子的成年人（学校里的工作人员、校外的人……）探讨孩子的问题。

3 针对他的问题，**培养他的交际能力。**

在日常生活中加强他与家庭成员的交流。

邀请他的同学经常来家里玩。（见下节）

多组织可以加强人际关系的活动（看戏剧、唱歌、集体体育运动……）。

如果孩子被诊断患有注意缺陷多动障碍、埃斯博格综合征、认知障碍等，我们可以向他的同学解释这些疾病会出现的各种症状（在得到孩子允许的情况下）。

借助他人（精神科医师、精神运动康复训练师、矫正发音的医生……）的独立辅导或集体的帮助（集体游戏、同龄人小组活动等）。

他和朋友们相处不好

如果孩子邀请朋友到家里玩，每次都过得不愉快，

可能下次你就不许他再邀请朋友到家里来了！

但是邀请人到家里来做客是锻炼孩子社交能力的最好方式。

在计划邀请孩子的朋友到家里来时，不要操之过急。
当孩子与他人相处困难时，首先我们要教会他单独和一个人交流时该怎么做，
所以**一次只邀请一个人！**

受到邀请的孩子来到家里之后：

1 我们要抽出时间陪伴孩子们，促进他们在游戏中的互动，帮助他们选择不同的游戏。

2 选择合适的游戏，可以让孩子从其他孩子身上学到人际交往的技巧。

具有**创造性的娱乐活动**可以让孩子表现出自己的天分，培养孩子与他人共同寻找乐趣的能力。

孩子们，我们一起来玩一个室内游戏，好不好？

你们来准备面团，我们做煎饼当下午茶，好吗？

室内游戏可以让孩子学会耐心等待，接受游戏规则，在输掉游戏时，控制自己的挫败感。

伪装游戏可以让孩子在现实与想象中进行转换，接受、理解他人眼中的现实。

日常生活中的活动（做饭、园艺……）可以培养孩子的合作意识，让他了解真实的生活。

3 要记住，如果孩子和他邀请的朋友之间发生了冲突或出现了问题，我们只能以**调解人**或**调停人**的身份介入。

朋友没邀请他参加生日会

对于父母来说，
没有什么比看到自己的孩子受人排挤更让人难受的了。
遇到这种情况，我们可能会把问题归咎于他人，
但是这样做只能使问题变得更加严重。

失望之余，我们可以：

1 包容他，允许他闹情绪，不要厌烦。

2 通过换位思考的方式，用友善的语气，**让他明白**也许是他的一些行为让别人不愿意邀请他。

3 **循渐序进**，不断**鼓励**他。

一天之内不能改掉坏习惯，但是我们可以一点一点地练习。

我邀请汤姆周六来家里玩了。

你一定会进步的。

4 **家里**与**家外**双管齐下：和其他孩子的妈妈交流，争取得到她们的支持。

当轮到我们的孩子过生日时，为了能够让一切顺利进行：

1 提前准备，并发出邀请。

2 也要邀请过生日时没有邀请他的孩子。

3 确保得到被邀请的孩子的父母的回复。

4 确保生日会的规模在孩子的掌控范围内（人数过多的话，会很难控制）。

5 让生日会的宾客（大孩子、女孩子、长辈……）多样化。

他控制他人/被他人控制

一个自尊心脆弱的孩子会下意识地采取两种相反的策略：
控制他人或被他人控制。

孩子会根据情况，在领导者与追随者这两个角色中进行转换。

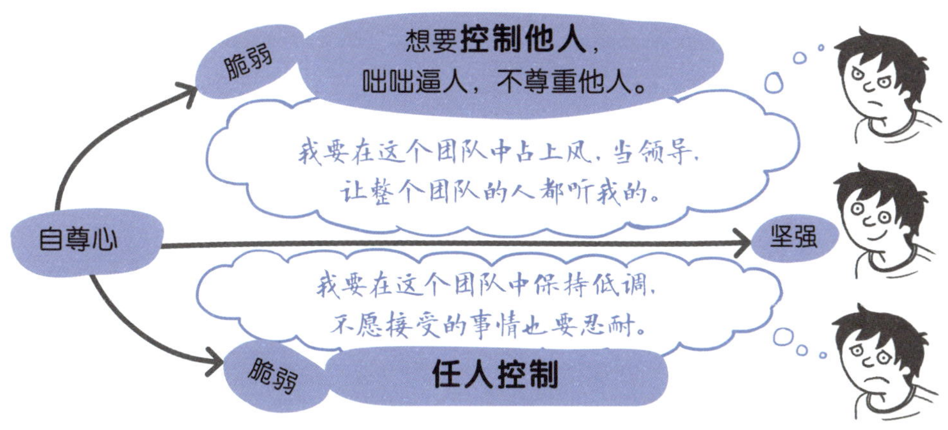

两个人之间唯一能够健康发展的关系是一种横向的关系，
也就是双方互相尊重的关系：**个性不同但是尊严平等**。

要想获得他人的尊重，孩子首先要学会**尊重自己**。

教育一个**被人控制**的孩子，是一个长期的过程，目的是：

让孩子学会自我保护。

教孩子学会设置底线，让他人知道这个底线，并逐步地调整自己的底线。

教孩子相信自己拒绝他人的合理性（可进行角色互换，具体情况具体分析），只有我们自己相信这一点，拒绝才会有效。

告诉孩子不要害怕因为拒绝而失去朋友，只有去面对这种恐惧，最后才能知道是否值得一试。

教育一个**控制他人、纠缠他人**的孩子，需要父母付出极大的努力。

父母要想不让自己陷入失望，不去谴责孩子（或者对孩子严厉惩罚），
就要让孩子明白，他不必通过控制他人来找存在感，这样才能帮助他摆脱这种行为。

他对他人施加暴力

当孩子用暴力的方式来表达自己的想法时（无论是身体上的，还是语言上的），说明他**还没有**找到其他的表达方式。

被抛弃或感到自己被抛弃。

遭受（或感到自己遭受）了不公正的待遇。

被人嘲笑。

感到自己不被理解。

别人让他感到窘迫、受挫、厌烦。

暴力行为

没有安全感，感觉自己受到了威胁、挑战、挑衅。

无论孩子的暴力行为之下隐藏着怎样的情感（恐惧、愤怒、羞耻……），也无论当时的情形（真实情况或是主观的想法）如何，都显示出了他的无能为力。

那么我们怎样做才能帮助他呢?

1 让他明白是他的**行为有问题**，而不是他本身有问题，需要努力**改正**的也是他的行为。

2 告诉他除了打人，他还有**其他选择**：和他一起寻找解决问题的其他办法，为他创建一个像右图所示的“**选择图**”。

说出我的感受和愿望。

和成年人谈一谈。

远离惹我生气的人。

态度坚决地说“不”。

深呼吸。

用幽默的方式表达想法，并尊重他人。

3 帮助他**理解**情绪的生理机制，以便更好地去应对（见47页关于大脑的解释）。

4 表现出对他的信任，告诉他能够获得成功。**鼓励他**，指出他的进步，即使是很小的进步。

你今天一直到晚上7点都没有打任何人，真棒！

看，你可以做到的！

他显得没有教养

要教育一个淘气、不听话的孩子，在平时的生活中就已经很困难了，

在有他人在场的时候，就更让人紧张、无所适从了！

因此我们不能在意他人看待我们的目光，
这样才能以正确的方式面对孩子的行为。

1 在管教孩子的时候，态度要比没外人在场时更加坚决。

当我们积极应对的时候，他人就不会指手画脚了。

2 要知道父母不是那么好当的，我们已经尽量扮演好这个角色了。

其他人只是看到了某个时刻，并不了解我们为了教育孩子所付出的努力。
比如，要控制孩子的冲动需要长时间的努力才能见效。

3 面对他人的批评，要保护自己。

不要将对方的话放在心上，如果需要，就回到自己的保护区里。只有善意的、
能提出建设性意见的批评才值得接受。

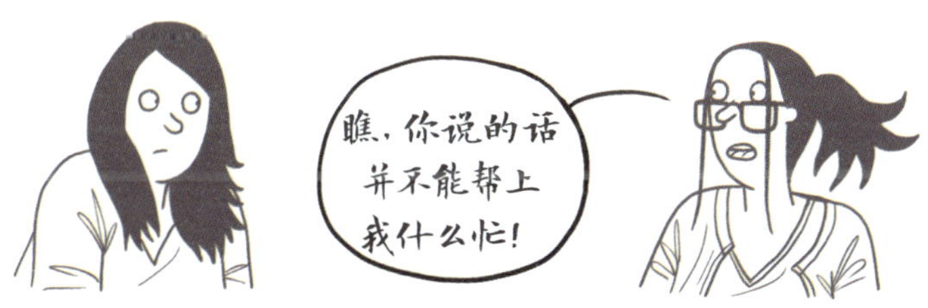

4 不要期待着孩子在有客人时会表现得特别好，也不要给自己压力。

孩子的情感就像是海绵，能“吸收”我们的情绪。我们越是感觉有压力，
想让他的行为符合规范（特别是还有外人在场的情况下），他就越不听话！

好，我明白了，我应该改变教育孩子的方法，但是要做好真是太难了！
我了解自己，要是我做不好，特别是应该做的事情没有做的话，我会有负罪感。

10种途径
让你改善
教育方法

当然，我们并不是让读者机械地使用本书介绍的方法，而是希望通过改正错误与逐步的摸索，尽可能地改善我们的教育方法。为每一次进步感到欣喜（当我们回头观察自己的时候，会发现取得的进步超乎自己的想象）！

在本书的第六章中——也是最后一章，笔者试图展望一下我们的努力前景，以期为上文中介绍的各种方法赋予意义。

我们不要先入为主地对孩子的行为做判断，而是先去观察，与孩子互动，通过激发孩子的潜能、鼓励孩子，促进他进步。

本书提醒家长，要发现孩子不合理行为背后隐藏的需求，了解自我调节的好处（对家长和孩子双方而言），对待孩子的态度既要友善又要坚决。

最后，我们得出结论：要注重与孩子保持密切的联系，懂得教育孩子需要时间，同时要将精力放在关键的问题上，也就是对我们来说有意义的事情上。

1. 培养我们的观察力，关心我们的孩子

我们生活的世界骚动不安、日新月异。

我们被紧迫的时间、可能发生的各种事情所困扰，时间时刻在向我们发号施令。

我们匆匆忙忙，疲于奔命，总是要去应付各类事情，总要做出各种回应。

我们反复思索刚发生过的事情，带着焦虑不断思考未来：在生活中，要想活在当下并不那么容易。

我们成了各种想法的囚徒，我们思虑过度，甚至失去了观察能力：观察周围世界的能力，观察大自然的能力，观察亲朋好友的能力，特别是观察孩子的能力。

当孩子在我们周围独自乖乖玩耍的时候，我们会觉得这简直是个恩赐，我们可以利用这个时机去做自己的各种工作，事情总要去做啊！

工作日的晚上总是很短暂，而周末则转瞬即逝，有时只有在假期的时候我们才能停歇片刻，才有时间观察我们的孩子。

其实观察孩子并不一定要花费很多时间，可以在观察孩子的同时做一些无须花费很多精力的事情（择菜、叠床单、熨衣服等）。

无论是手里拿着抹布在干活，还是隔着报纸（或者假装在看手机屏

幕）偷偷地观察孩子，只要我们开始观察，就能在孩子身上发现很多有趣的事情。

观察意味着放弃固有的想法，抛弃武断的解释或评判。

观察就是发现并将令人吃惊的事情记录下来，而无须刻意去分辨什么是正常的，什么是不正常的。

观察就是采取一种科学的态度去收集信息，这对于了解我们的观察对象是十分珍贵的资料。

之所以要有意识地采取这种客观的态度，置身事外地去观察，是因为我们要刻意不去干涉，要避免武断地为孩子决定什么对他有益，避免在理解他所处的状态之前就进行干预，这样才可以增加与孩子真正交流的可能性。

在观察过程中的某些微小时刻，或者是特殊时刻，我们可以做出决定，介入到他的世界当中……

2. 进入孩子的世界，与他交流

当孩子还小的时候，我们看着他玩耍，很容易就能理解他想象的世界，并进入到他的世界中。

很容易……嗯……貌似是这样，其实在进入孩子的世界之前，需要摒除很多先入为主的想法：我们会认为用某些方式玩耍比较“好”，想告诉他该如何去做，也会有自己的愿望。（因为我们也会想去玩，但是玩的方式会与孩子的方式有所不同。）

如果孩子的内心特别封闭（无论是否确诊有孤独症），那么要想进入到他的世界中，就要更加谨慎。

孩子在玩游戏的时候非常认真：他在进行实验，运用自己的智慧，重新演绎他经历过的情感体验，他会自我治愈，激发自己的潜能，进行自我调节，丰富自己的想象力。如果他玩的是需要与他人互动的游戏，他还会在游戏的过程中领悟到自己与他人的差异性。

进入到孩子想象的世界，进入到他的内心世界，是我们与他进一步交流的前提，也让我们在他很小的时候就发现他对自己、对他人、对世界的看法。我们可以通过观察他的身体运动、他的生命力、他的情绪变化以及他的行为，来收集各种信息，可以运用这些信息帮助他来了解自我、了解他人。

神经科学已经证实了：人是复杂而又相互联系的存在，这种联系具有普遍性。我们适应孩子的能力越强（我们首先需要自我调节），孩子就越容易进行自我调节，来适应他人。这一点我们会进一步深入探讨。

随着孩子渐渐长大，他要学会面对现实生活，并要融入其中。我们应该通过提问的方式，以讨论的形式和他进行交流。提问的时候要注意语气，不要让孩子觉得我们是在例行公事（“你今天考试得了多少分？”“你为什么这么做？”），而应让他明白我们是真的想知道问题的答案（“今天的小演讲做得还顺利吗？”“之后怎么样了呢？”“真的吗？跟我好好讲讲！”……）

偶尔也可以和孩子一起看他喜欢的视频，玩他喜欢的游戏，即使是我们讨厌的游戏（不要表现得很明显，不要让孩子感觉到我们不喜欢这个游戏），这些都是特别有效的与孩子交流的方法。

再次强调：我们做这些事情的目的是为了和孩子进行交流，而不是让他觉得这些事情毫无意义，所以千万不要表现出不耐烦。但是我们和孩子的交流绝不是仅仅局限于对话这一种方式，我们还可以和他玩游戏或者去做一些大人爱做的事：一起做运动或参加一项活动，共同展现才能与能力，这是一个很好的交流与分享的方式。

与孩子交流的质量与所从事活动的花费多少没有关系，与使用什么设备也没有联系。孩子宁愿在他的卧室里趴着，与爸爸或妈妈一起玩一场游戏，也不愿意在拥挤的豪华游乐场里，和焦虑的父母一起玩模拟军事游戏。

在孩子小的时候多陪他玩游戏，在孩子大些的时候多和他进行讨论，这两种行为的动因是相似的：父母去接近、陪伴孩子，让他在成长的道路上可以走得更远。

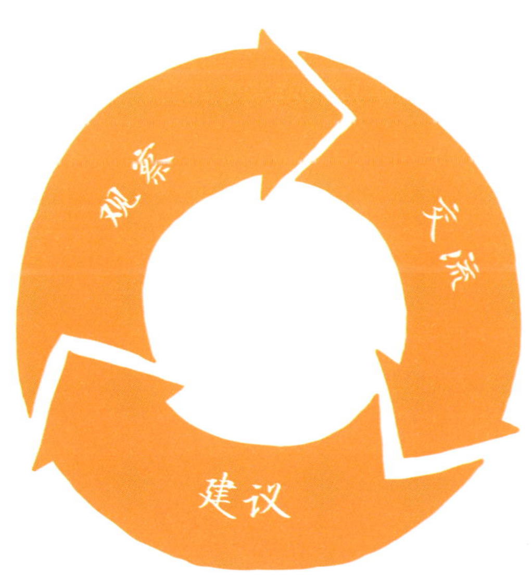

3. 从孩子的现状出发，激发他的潜能，带领孩子走得更远

通过对孩子的观察和对他最大程度的了解——包括孩子的内心世界（他的感受、想法、对事物的理解和他做出的决定）和孩子的外在表现（他完成的事情、擅长的事情和遇到的困难），我们可以以一种最具活力、最为灵活的方式陪伴他。

孩子的发展是人类发展的缩影，孩子在能力上会显露出一些优势，也会有一些弱势，其中一些能力会自然形成，而另一些能力则需要付出更多的努力才能获得。

一些孩子可能会被诊断患有某些疾病，他们的成长需要陪伴和支持，因为他们会在某一方面出现障碍或缺陷，这将对他们生活的其他方面产生重大的影响。

如果我们将障碍或缺陷比作一个海洋，在这个海洋中总会浮现出一片希望的陆地。

因此，关键就在于要坚决地以牢固的“陆地”为依托，以现存的事实、可以顺利进行的那部分为基础，这样才不至于沉入海底（这是第一个极为关键的步骤！），接下来才是去寻求发展与进步的机会（这是第二个关键步骤！）。

当孩子在成长过程中表现出广泛性发展障碍（广泛性发展障碍经常与自闭症谱系障碍相联）的时候，还常伴随着其他障碍（比如：诵读困难、注意缺陷多动障碍、运动障碍和高智商*），此类孩了的成长道路必然意外不断、更加艰难，父母要像谨慎、严格的乐队指挥一样，指导、陪伴着孩子，这对他们的成长至关重要。

如果孩子被确诊有某种障碍，这反倒能让我们松口气，因为我们能够更好地理解他产生困难与障碍的原因（明白我们教育孩子棘手的原因），从而可以更容易找到让孩子适应校园生活的办法（融入行动计划、借助校园助手等）。但是确诊的孩子可能会自我封闭，给自己贴上问题标签，比如：

* 高智商通常被认为是优点。但是因为高智商的孩子与同龄孩子、周围环境格格不入，会造成各种问题，所以在讨论“问题孩子”的时候，有时也会把高智商算作障碍的一种。

“我有注意缺陷多动障碍”或者“我是高智商”。

总而言之，我们可能在忽然之间要承担很多责任，这需要我们对各种责任进行协调，将它们联系在一起，并定期进行反复评估，同时要以孩子的利益与需求为中心。即使是对于组织能力极强，空闲时间充裕、勤勉的父母来说，这也不是一件容易事！

我们要记住：**如果我们总是指出孩子身上负面的东西，忽略积极的东西；总是看到他的缺点，却不提及他的优点，那么这种态度很可能是由焦虑造成的。**当我们陷入焦虑时，产生的这些想法（“他现在吃得这么少，会不会影响他的成长？”“她不在我的床上就无法入睡，等她到了18岁怎么办？”“他小学二年级数学就这么差，以后肯定考不上大学了”，等等）对孩子真的一点儿帮助都没有。

只了解了上述问题，我们才能重新为自己定位，**平静下来，客观地思考，**从整体上去观察情况，对每个问题做出恰如其分的分析，从而积极主动地陪伴孩子。

鼓励会产生神奇的效果，陪伴孩子的时候，不要吝啬，多鼓励他吧！

4. 鼓励孩子，伴他进步

美国儿童心理学家、教育家鲁道夫·德雷屈尔秉承了学者阿尔弗雷德·阿德勒的思想，他曾这样说过：“孩子需要鼓励，就像植物需要水一样。”

这两位学者很早就意识到了交流与关注对孩子产生的积极效果，这一发现远远领先于神经科学的研究，而在当时的教育背景下，这样的观念并不能够被大多数人接受。

水是植物的生命之源，可以滋养植物所生长的土壤，让植物找到成长所需的一切养分。

- 鼓励可以为孩子注入能量，但是需要注意鼓励的技巧——要尽量贴近现实。
- 鼓励意味着在孩子成长的道路上一直陪伴着他，为他的每一次进步感到欢欣鼓舞。
- 鼓励需要父母关注孩子的进步，让他知道我们注意到了他最微小的进步。（如“我发现你现在会想着把碗放进洗碗机了。”“出发那会儿，你自然而然地就想到了要帮助我，谢谢你。”“你能够坚持不懈地背诵诗歌，我特别佩服。”）
- 鼓励，不是去讨好孩子或者大唱赞歌。我们不需要孩子做出多大的成绩才鼓励他，简单的进步就足够了：“你看，你进步了，你应该为自己感到骄傲。”
- 鼓励，是支持孩子去寻找自己内在的动力，让他懂得他的行动是为了自己，而不是为了取悦大人，否则，孩子就只会根据大人的评价和眼色行事。
- 我们人生的每个阶段都需要鼓励，鼓励是最好的减压方法！
- “正面管教”理论大力提倡鼓励的教育方法，认为鼓励是亲子关系、师生关系的核心。

5. 要理解孩子不合理行为背后隐藏的需求

阿尔弗雷德·阿德勒的基础教育法认为：孩子有一些基本需求（成年人也一样）：

- 需要归属感（对于班级、家庭、体育队等）。
- 对自己归属的群体做出贡献（他们希望自己有用，通过做贡献找到存在感、参与感）。

正面管教以阿尔弗雷德·阿德勒的理论为基础，提出了一个观点：**如果孩子做出了不合理行为，那说明他感到气馁。**如果他没有归属感或者不能以合适的行为做出自己的贡献，他就会寻找各种途径去寻找归属感，即使最后的结果与预期大相径庭，也在所不惜。

简·尼尔森为我们绘制了一个精细、强大的“需求辨认图”，在本书的参考书目中可以找到她的作品名称。父母可以根据自己的感受，学会辨认孩子不恰当行为的表象下隐藏的各种需求都是什么。

这样家长就可以与孩子开始最基本的对话了。我们不用再为了阻止孩子的行为而精疲力尽，因为我们可以针对他行为背后的需求有的放矢：**当孩子的需求得到了满足，他的不恰当行为就失去了继续的理由，**

自然会停止。

这是一场小小的心理革命，从此，我们就可以不必再用惩罚的方式来制止孩子的不恰当行为了，惩罚在短期内可以获得成效，但是长期来看，根本没有作用。我们可以将精力集中在对孩子的培养上。（我的孩子行为不恰当：这种行为背后隐藏着什么需求呢？他的执念是什么？应该培养他的哪种能力呢？）

事实上，我们会逐渐习惯去寻找解决问题的办法，和孩子一起去寻找克服困难的方案。在这方面，正面管教的方法仍然会为我们提供很多有效的操作模式。我们要学会将寻找解决办法的思路融入到日常的家庭（同样也包括班级和办公室等其他场所）生活中。

但是不要操之过急，应循序渐进：罗马城不是一天建成的！

6. 全面发展家长与孩子的自我调节能力，让孩子拥有更高的情商

我们可以注重个人发展，首先让自己获得成长，这样才能帮助孩子成长，尤其是在自我调节方面的成长。

自我调节会产生良好的效果：让人觉得身心协调，有归属感，内心平静，有解决问题的能力。自我调节能够让孩子与我们以及他人进行交流，不仅对现在有益处，对孩子的整个一生都有积极的影响。

我们有漫长的一生来认识自我。从最初的尝试与体验中，我们就已经可以感受到认识自我的好处，它不仅对我们的内心有益处，还对我们适应他人有帮助。**这种方法是摆脱被动反应模式，进入交流模式的基础。**

关注自己的内心，就是关心自己，然后才能更好地关心他人。教会孩子像我们一样关注自己的内心，才可以真正创造平和的自我小世界，而小世界会扩展到周围的大世界。认识自我不仅短期有益处，从长期来看，也是有益的。

人的一生之中，在任何阶段都可以培养自己的情商。易怒、暴躁或多血质*并非无法改变，情绪是可以控制的，特别是愤怒的情绪。

* “多血质”源于希波克拉底体液说，是人的气质类型之一。多血质的人在日常生活中表现为言语和动作敏捷，活泼好动热情，注意力和情绪易转移和变化。

在整个人生历程中，我们应学会接受并控制，以及分辨我们的情绪，明白它所表达的意义，让它自然而然地过去，而不至于被情绪淹没，束手无策。

行之有效的办法很多，每个人都可以选择适合自己的、有启发性的方法。一些人会说这些方法不过是人云亦云，另外一些人会觉得这毫无用处。但是如果我们可以清楚自己的意图（自我调节，学会自我平静，找到内在的自我，通过与自己对话更好地与孩子对话，控制自己的焦虑，等等），这些方法就有意义，它会让我们得到自我提升，从而改善与他人的关系。

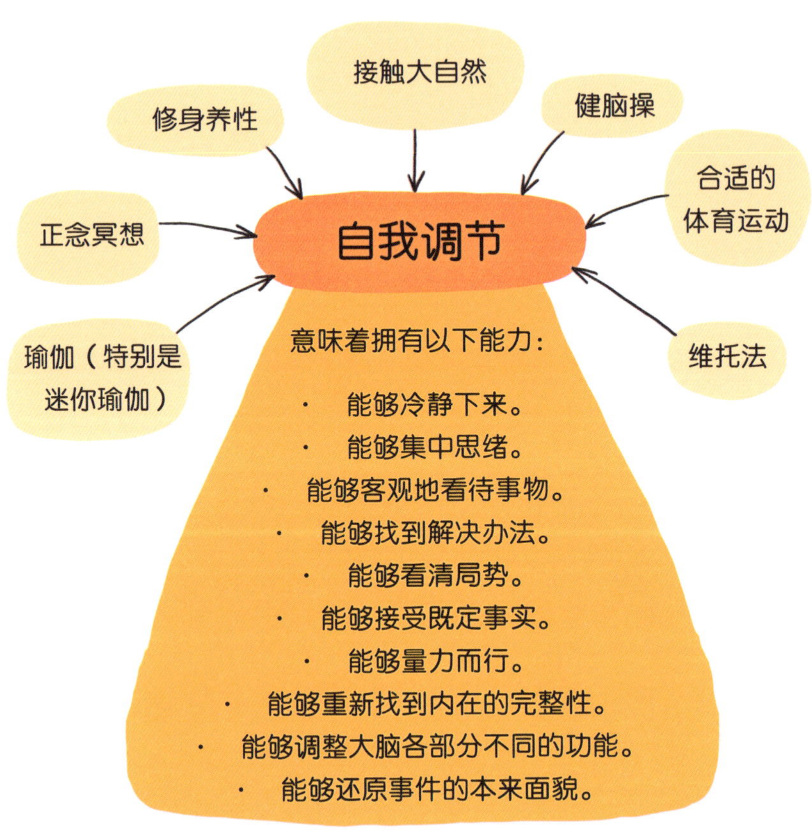

7. 不断调整教育方法，陪伴孩子成长

一般的孩子都需要一个灵活的与当下相适应的规矩，这个规矩要随着孩子的成长不断地调整。对超级敏感的孩子更应如此。

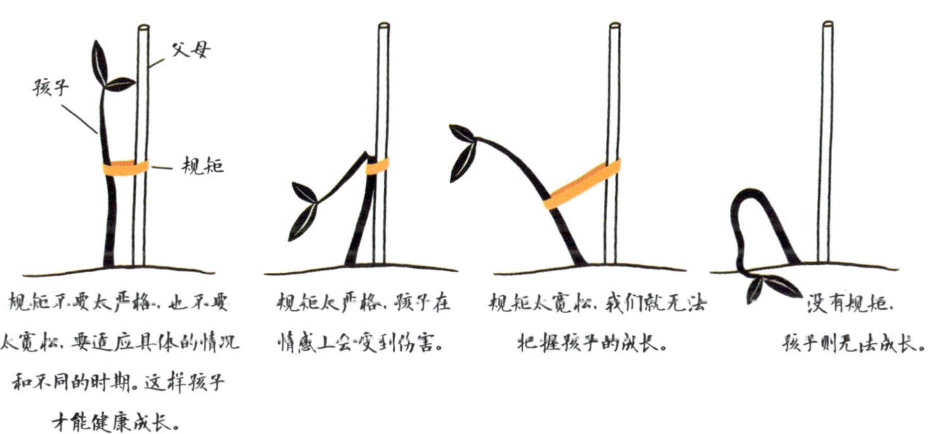

所以要宽严相济。

“严”就是发挥规范的作用，它可以起指导、平衡的作用，保证孩子的安全，同时让父母得到尊重。

“宽”就是和善，它可以加强与孩子的交流，增进亲子关系，帮助孩

子以平和、稳固的方式成长。

这就和阴阳互补的道理是一样的。

正如同只有吸气才能呼气一样，正如同我们要用双脚才能站立一样，正如同船只的左舷与右舷缺一不可一样，我们必须兼顾“宽“与“严”这两个方面。

因此要将“宽”与“严”结合在一起，不要忽略其中的任何一方面。这也是孩子对我们的期待。

这是一条必走的道路，而且也是可以给我们带来最大收获的道路，无论是短期来看，还是长期去看。

夫妻二人共同养育孩子的时候，有一个好处，那就是我们可以利用父母双方的不同之处，一定不要彼此针对，互相找碴儿。比如：父母当中的一个人好说话，那么另一个人就要严厉一些；如果一个人严厉，另外一个人就要温柔一点儿，父母二人应优势互补。

这意味着我们要做到客观，要相互交流，有时则需要去参加育儿研讨会，或去寻求指导，来更好地理解整个家庭体系的运作。

应用这个方法需要勇气，因为逃避困难总比面对困难要容易，但是我们要迎难而上，因为这样做对于孩子、夫妻，对于全家人的生活，都是值得的。

当我们不得不独自抚养孩子的时候，由于得不到另一方的帮助与支持，任务自然就更加艰巨。因此要想取得相似的效果，就要尽可能地去寻求与自己亲近的其他成年人（朋友、家人、教育者）的帮助，这样做的好处有两个：单亲家长不会因与孩子的关系而感到精疲力竭，又可以为孩子提供与其他成年人接触的机会，让孩子感到与双亲家庭同样的“宽”与“严”。

8. 建立社交模式

鲁道夫·德雷屈尔提出了“勇于做出不完美的榜样”的教育理念，根据这一观点，我们可以培养孩子的人际交往能力：通过向他表达出同理心，让他清楚地知道该如何对待他周围的人。

如果我们在与人发生争执之后，可以主动去道歉，我们的做法就给孩子做出了一个榜样，发生类似事件的时候，他也会向我们或他人道歉。

家长与孩子专注、真诚、积极地交流，会给孩子起示范作用，他会从中领悟到与人交流的方法，这样，我们就建立起了一种交流模式，交流会变得像呼吸一样自然。

如果我们主动向孩子说出自己的情感和心理状态（当然，如果我们讲述的是自己内心痛苦的经历，不要忘记安慰他说这不过是暂时的，讲述的时候要注意不能让孩子觉得咄咄逼人、没有安全感），这样孩子就会知道我们的一些行为事出有因。

这种做法会让孩子感觉更好一些，孩子就像一块情感的海绵，我们的解释让他印证了自己的发现，对他来说我们言行一致，因此他会觉得更安心。而且他在自己的人际关系中也会效仿我们的做法。人类大脑中的镜像神经元让人与人之间紧密相连，我们对此知之甚少，目前的研究还处于初始阶段，但这无疑是一场心理学与人文科学领域的革命。因此关注家庭成员之间的互动非常关键：家庭是一个微型实验室，我们在家里的行为与态度就像是在实验里做的实验，**我们在家里怎么做，孩子在外面就会怎么做。**

我们是父母，同时也是个体，在不断改良教育方法的过程中，我们也在思考自己的生活，这可以让我们以新的角度思索、阐释身边发生的事情。

还可以借鉴马歇尔·卢森堡提出的“非暴力沟通”方法，从中我们也会获益良多。

马歇尔·卢森堡是美国人，他与其他持相同观点的学者认为：没有人是我们肚子里的蛔虫，不可能百分之百地猜到我们的感受和愿望。因此我们应该用高效的方式表达自我需求，提出自己的要求。

在亲子关系中，我们可以通过将下面的图表中使用人称“你”的句子，变换成使用人称“我”的句子来提高我们与孩子交流的效率。

要好好利用“我”开头的句子来表达自己的想法！建立起一个模式，每天都进步一点儿，并坦然接受挫败——所有失败的经历都可以成为学习的机会。

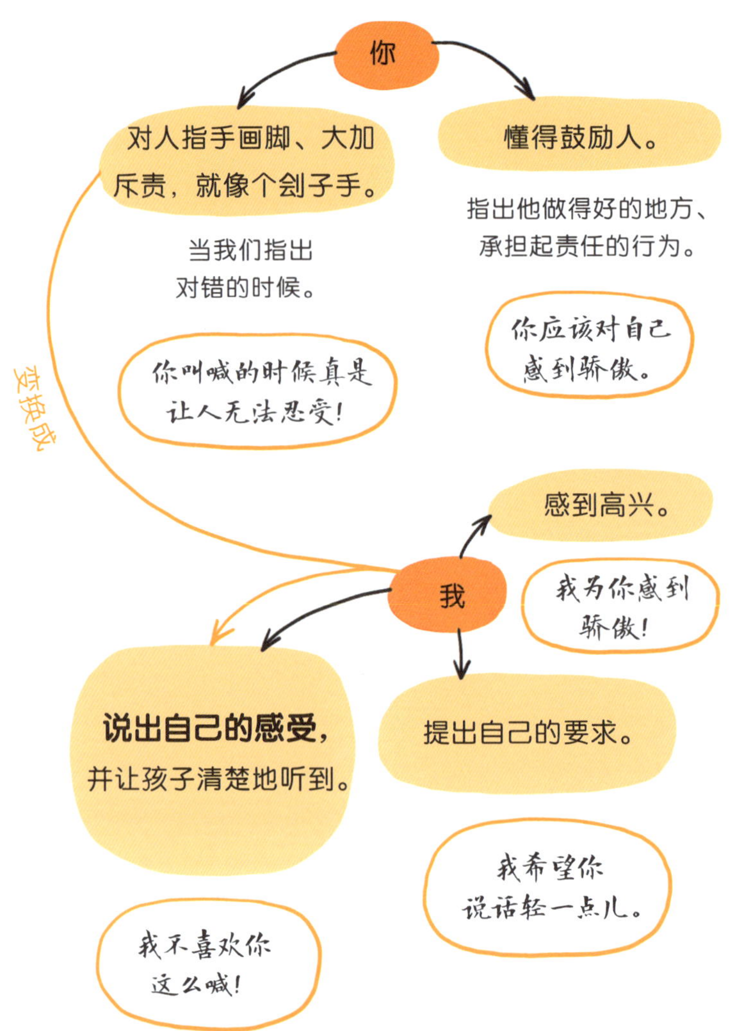
你
对人指手画脚、大加斥责，就像个刽子手。
懂得鼓励人。
指出他做得好的地方、承担起责任的行为。
当我们指出对错的时候。
你应该对自己感到骄傲。
你叫喊的时候真是让人无法忍受！
变换成
感到高兴。
我
我为你感到骄傲！
说出自己的感受，
并让孩子清楚地听到。
提出自己的要求。
我希望你说话轻一点儿。
我不喜欢你这么喊！

9. 想尽一切办法，与孩子保持密切的关系

与孩子保持密切的关系至关重要。

如果孩子因为某个意外事件受到了伤害，要及时补救。大多数情况下，这比较容易做到。不要让意外事件严重损害亲子关系。

如果他对一切都兴味索然，那就让他的内心重新变得丰富起来。即使孩子看起来什么都不想做，或者不愿意与我们交流，我们也不要气馁，尝试新的办法，尽量接近他内心的堡垒，与他交流，重新建立起亲密的亲子关系，让他的内心变得更丰富、更坚强。

如果他刻板、保守，就让他变得灵活起来。要打破习惯、改变态度并不是一件容易的事情，但是为了能够接近孩子就值得一试，这会让接下来的交流更具创造性、灵活性。如果他的情况很糟糕，甚至到了崩溃的边缘，我们需要去寻求帮助。在这种情况下，第三方的介入会非常有帮助。我们可以向亲朋好友求助，而且对于恶化的亲子关系，专业人士可以帮助我们从对立与困境中走出来。

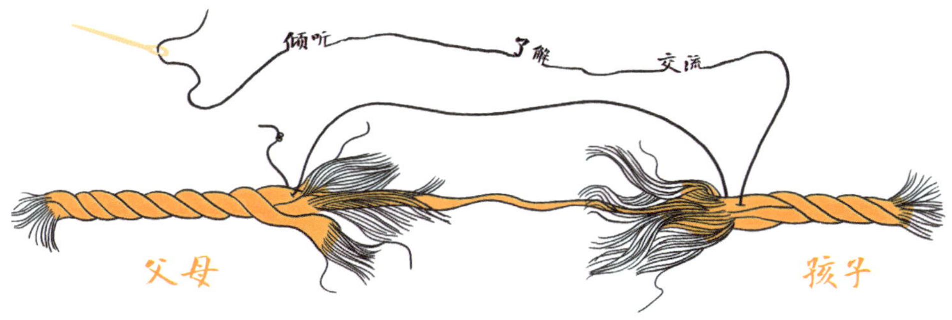

10. 给时间以时间，把精力集中在重要的事情上

其实，如果仔细思索，我们在这世界上只能活一次（当然这是毋庸置疑的！）。

我们希望如何度过这一生呢？我们真正想做的事情是什么？**我们对自己和孩子分别有什么期许呢？**孩子正处于成长之中，我们希望教会他们什么？传承给他们什么？让他们拥有什么样的价值观？教会他们什么样的生活本领？

这些问题需要每个人自己作答，因为这取决于我们对生活的理解和我们各自的信仰。

如果我们认为生活艰难、不公平，世界可憎、危险，我们的孩子是牵绊我们的沉重负担，青春期是一段恐怖的时光，这些想法就会在生活中得到切实的印证。

如果我们认为孩子是正在成长的个体，他们将自己交付给我们，我们的任务就是让他们逐渐变得自主、负责、尊重人、谦逊、学会与他人交流，越来越像一个真正的人，那么我们就会在这些方面努力，我们就有了方向、目标。生活也会给我们同等的回报。

没有人不经历摔倒就能学会走路，杂技演员将球掉落过无数次才将它耍得得心应手，航海者经历过迷航的恐惧才能最终到达目的地，远足者克

服了困难与疲惫才走完漫长的道路。

在教育孩子的道路上，我们会犯错、误解、愤怒、失望，这条路有时很窄，常常十分艰难，但又总是让人充满动力。在这条路上我们会经历怀疑、犹豫，甚至是气馁，我们会停滞不前、会摔倒，有时还会觉得支撑不住。但是我们也会得到无价的礼物，有些礼物我们抓住了，另外一些我们则错过了，这可能是因为我们累弯了腰，或者我们的视野太受限，也可能是因为我们的精神太紧张，或者是太循规蹈矩。

我们可以在这条道路上采摘到各种各样的花朵。

如果我们能够创造出思想的“花坛”，能够培育出“忧虑”的花园，那么为什么我们不能开垦出“希望”的田野呢？

“希望之花”需要我们自己去创造！它会与我们有相似的轮廓、颜色、纹理与味道。

结语

教育孩子需要父母的创造力。没有人能取代我们。没有任何书——无论是本书还是其他任何书——能够提供一劳永逸的办法。完美的父母并不存在。而在孩子各方面还没有定型的年龄段，一切都可以改变。

那么我们还等什么呢，快行动吧！

勇敢地尝试新的办法，带着谦逊之心，带着耐心和恒心，带着信心和小心，怀抱着与孩子建立良好关系的愿望，并接受自己的不完美，对孩子既要提出要求，又要学会宽容。

这些不仅需要我们在日常生活中做出努力，还需要有一个长远的计划。我们有能力接受抚育孩子的挑战。

一切都取决于我们自身。

让我们走得更远

一份书单是否可以做到详尽我们不敢断言，但是本书单是我们在长期的资料收集与阅读过程中挑选出来的，是在写作本书之前罗列的，在写作过程中我们一直在借鉴这些书籍。这些书籍指引着我们，让我们产生灵感、明晰思路。在书单中我们去掉了那些技术性较强的专业书籍，因为本书的目的是普及家庭教育，因此我们选择的书籍特点是：涉猎范围广，讲解方式深入浅出。

给成年人的书目：

阿尔弗雷德·阿德勒的正面管教法

Jane Nelsen, La Discipline positive, adaptation de Béatrice Sabaté, Éditions du Toucan, 2012

Rudolf Dreikurs, Le Défi de l'enfant, Robert Laffont, 1972

Eva Dreikurs-Ferguson, Introduction à la théorie adlérienne, traduction d'Armelle Martin et Béatrice Sabaté, éditions du Toucan, 2017

神经科学领域：

Daniel J. Siegel et Tina Payne Bryson, Le Cerveau de votre enfant, Les Arènes, 2015

Daniel J. Siegel et Tina Payne Bryson, La Discipline sans drame, Les Arènes, 2016

创新教育领域：

Audrey Akoun et Isabelle Pailleau, Apprendre autrement avec la pédagogie positive, Eyrolles, 2013

Howard Gardner, Les Intelligences multiples, Éditions Retz, 2008

积极教育领域：

Adele Faber, Elaine Mazlish, Parler pour que les enfants écoutent, écouter pour que les enfants parlent, Éditions du Phare, 2012

Bénédicte Péribère et Solenne Roland-Riché, Les 50 Règles d'or de l'éducation positive, Larousse, 2016

Isabelle Filliozat, J'ai tout essayé, JC Lattès, 2011

Isabelle Filliozat, Au cœur des émotions de l'enfant, Poche Marabout, 1999

关于早熟/高智商：

Jeanne Siaud-Facchin, Tout est là, juste là, Odile Jacob, 2015

Jeanne Siaud-Facchin, L'Enfant surdoué, l'aider à grandir, l'aider à réussir, Odile Jacob, 2015

Jeanne Siaud-Facchin, Trop intelligent pour être heureux, Odile Jacob, 2008

关于注意缺陷多动障碍：

Olivier Revol, On se calme! Enfants agités, parents débordés, JC Lattès, 2014

Dr Jacques Thomas et Gilles Azzopardi, Comment rendre son enfant plus attentif, Marabout, 2004

关于自我调控：

Eline Snell, Calme et attentif comme la grenouille, Les Arènes, 2012

Paul et Gail Dennisson, Brain gym. Le mouvement, clé de l'apprentissage, Le Souffle d'or, 1992

关于情商、人际交往能力：

Marshall Rosenberg, Les mots sont des fenêtres (ou ce sont des murs), La Découverte, 2016

Daniel Goleman, L'Intelligence émotionnelle. Accepter ses émotions pour développer une intelligence nouvelle, J'ai lu, 2003

关于生活健康：

Erwann Menthéour, Et si on arrêtait d'empoisonner nos enfants ?, Solar éditions, 2017

Giulia Enders, Le Charme discret de l'intestin, Actes Sud, 2014

Dr David Perlmutter, Ces glucides qui menacent notre cerveau, Marabout 2015

给孩子的书目：

Mireille d'Allancé, Grosse colère, École des loisirs, 2001

Philippe Goosens et Thierry Robberecht, Justin est un mauvais perdant, Mijade, 2006

Cécile Geiger, Graines de patience, Hachette, 2004

Amélie Falière, Content, fâché! Jouer avec les émotions, Nathan, 2016

Jo Witek et Christine Rousset, Dans mon petit cœur, La Martinière, 2013

Édouard Manceau, Le Petit Éléphant et les émotions, Milan jeunesse, 2007

Richard Marnier et Aude Maurel, La Lumière allumée, Frimousse 2015

Claude Steiner et Pef, Le Conte chaud et doux des chaudoudoux, Inter Editions, 2009